実はすごい！ “できない”を“天才”に変える発達障害グレーゾーン

偉人に学ぶ「才能の種」の見つけ方・育て方

精神科専門医・
児童精神科医・産婦人科医
三田晃史

出版プロデュース｜中野健彦（booklinkage）
編集協力｜水野秀樹（みなかみ舎）
執筆協力｜林 真美　田嶋美裕
デザイン＆DTP｜村岡志津加（Studio Zucca）
イラスト｜髙柳浩太郎
校正｜植嶋朝子
編集担当｜池上直哉

一流の人間はだいたい「変」です――まえがき

成長の過程で現れる「特別な個性（発達特性）」、他人と違う「変な」個性のもち主は、ほかの人と同じようにできなくて失敗したり、落ち込んだりすることが少なくありません。しかし、苦手な裏に、じつは強みが隠れていたりします。時には本人すら気づかないうちに、誰も成し得なかった「あっ」と驚く偉業の達成を後押ししていることがあります。海外ではこうした発達特性を**「Gifted（ギフテッド）＝『天賦《てんぷ》の才』」**と呼びます。

偉大な政治家や発明家、巨万の富を築いた実業家や芸術家など、それぞれの分野の第一線で活躍する人には「変」な行動をとったり癖があったりする発達特性をもつ人が少なくありません。なかには、それをみずから公言する人もいます。

偉人や有名人に限らず、誰でも程度の差こそあれ、こうした「天賦の才」はもっているもので、漫画の登場人物などにも「発達特性」は垣間見《かいまみ》えます。

たとえば漫画『ドラえもん』で「のび太」が忘れ物や失敗ばかりする様子は「ADHD（注意欠陥多動性障害）」で見られる不注意型の特性を、テストで0点ばかりを取る様子は何らかの「学習障害」を匂わせます。

カッとなりやすくてすぐに手が出る喧嘩《けんか》っ早い「ジャイアン」は「ADHD」の衝動的な特性が疑われます。

不注意の特性をもった「のび太」は当初、母親や教師からテストの0点を叱責《しっせき》されるなどのように欠点を非難される日々で、自信と意欲を失っていました。しかし、苦手を補って支援してくれるドラえもんの存在で、自信を取り戻し、何にでも意欲的にチャレンジできるようになります。小さな成功体験の積み重ねで、自分で無理なことは無理と割り切り、人の支援で解決し、苦手な自分もありのままでいいと肯定的に自分をとらえられるようになるのです。

衝動的で粗暴な「ジャイアン」も、歯止めとなる、さらに強い母親の存在で、行きすぎた行為にストップがかかります。また、平和な日常生活の中では逸脱していた行動も、長編ドラえもんシリーズでは、頼もしい味方となるように「実行力」「勇敢さ」は災害などの非日常世界で力を発揮します。窮地《きゅうち》に陥《おちい》った仲間への思いやりがあるなど、非日常的な困った場面で頼りになる良さをもち合わせていますから、そうした良さが生かせる環境を準備すればいいのです。好きな野球や歌唱（音痴だが）などの娯楽でエネルギーを放散させたり「スネ夫」に褒《ほ》めてもらって気持ちを安定させたりしているのも、理にかなったやり方です。このように、それぞれの発達特性を生かすには、工夫すべきポイントがあるのです。

潜在能力の高さと苦手なものが同居するグレーゾーン

発達障害で見られる特性の多くは珍しいものではありません。誰でも程度の差こそあれ、潜在的な「伸びしろ」である独特な個性をもっています。そして、**支障のないレベルの類似した独特の個性を生かして活躍する人たちは大勢いる**のです。

発達障害レベルのハンディキャップをもっていても、社会不適合が起こっていないために問題が露呈しない集団や、「おそらく発達障害」であっても、ただ診断を受けていないだけの集団、さらには「発達障害に類似した特性をもつグレーゾーン」は少なからず存在します。そうした人たちを注意深く観察すると、生活能力や、他人と共感するなどの感情交流などに不自由さを抱えていることも少なくありません。彼らは、仕事や生活環境で、何らかの工夫や努力をしながら苦手なことを克服しています。

苦労した分だけ成長できる

グレーゾーンの人たちには障害という自覚がなく、また、周囲も気づかないために、ただの変わり者と思われたり、人並みのやり方ではうまくいかず、必要以上に叱られたりすることがあります。本人が「自分は甘えているだけ」と思い込んで罪悪感を覚えたり、自責の念にかられたりすることもあり、その結果、不安にさいなまれたり、気分が落ち込んだりして、息苦しさを感じてしまうこともあります。

昨今、話題になるＨＳＰ（Ｈｉｇｈｌｙ Ｓｅｎｓｉｔｉｖｅ Ｐｅｒｓｏｎ）と呼ばれる新たに分類された集団の、繊細な感性や独特の疲れやすさも、広義の発達障害グレーゾーンに関連した特性といえるでしょう。特性に基づく不自由さに加え、誤解に基づく自己肯定感の低さからくる生きづらさを抱え、うつや適応障害、不安神経症、不眠症など、ストレス性の精神的な疾病を二次的に発症することにもなりかねません。

その一方で、彼らは、そうした特性を無意識に自覚し、苦手なものから逃げたり、みずからを過信しない謙虚さをもったりしながら、日々努力することを知っています。その人が努力や苦労を積み重ねた分だけ、人生の後半で潜在的能力を花開かせることも多く、いわば**「苦労の分だけ伸びしろも豊富」**というわけです。

本書では、さまざまな「発達特性」に付随する困難とそれに応じた工夫、さらには苦手の裏に潜む伸びしろを、偉人を例に解説していきます。

すでに申し上げたとおり、世間で「一流」とされている人たちの多くは、どこか「変」です。何かが他人より飛びぬけて優れている一方で、誰にでもできることができないなど「発達の凸凹」があるのは、むしろ当たり前。そんな彼らが、その「変」をどう生かして才能を伸ばしていったか、参考にしていただけたら幸いです。

2025年2月

三田晃史

目次

プロローグ

実はすごい！ 天賦の才

第4章 気遣いがすごい「敏感型」の才能

第5章 冷静沈着な思考がすごい「自閉型」の才能

プロローグ

実はすごい！天賦の才

誰もがもつ「伸びしろ」とその可能性

「どうしてこの子は、じっとしていられないのかしら？」

「なんで宿題を3回も忘れるの⁉」

「もう少し空気を読んでくれないかなぁ……」

「うちの子、ひょっとして、ほかの子と違うのかな？」


子どもの言動を見ていて、こんなふうに悩んだことはありませんか？　あるいは、大人になってから「もしかしたら自分もこうだったかも……」と感じる瞬間があるかもしれません。

私たちは「普通」と思っている基準に当てはめたときに、少しでも違うところがあると、まるで何か問題があるように思えてしまいます。でも、本当にそうでしょうか？　ちょっと立ち止まって、こう考えてみましょう——それって、むしろ「すごい個性なんじゃないだろうか？」「**変な個性は才能の芽で、摘《つ》み取っちゃいけないもの**なんだ」と。

発達障害とは

発達障害などというと、授業中に教室を歩きまわったり、忘れ物が多かったりする子ども、あるいは、授業は理解しているのに友だちと会話するのが苦手で教室で孤立しがちな子どもを思い浮かべるかもしれません。

落ち着きのなさはＡＤＨＤ（注意欠陥多動性障害）で見られる「多動」、忘れ物は同じくＡＤＨＤの「不注意」、意思疎通の苦手さはＡＳＤ（自閉症スペクトラム障害）での「社会的・情緒的なコミュニケーションの障害」を疑わせます。

そうした症状は**生まれもつ脳の個性**で、多くは3歳児健診などで指摘され、将来起こりがちな社会生活での障害を緩和するため、近年では療育など就学前の早期に、特別な支援の対象になることも増えてきました。

驚くような才能を秘めるグレーゾーン

しかし昨今、そうした明確な障害を幼少期に指摘されていないのに、大人になってから似た症状に気づき、社会生活で困難を覚える人の存在がクローズアップされるようになってきました。

いわゆる**「グレーゾーン」**です。

彼らの中には、驚くような才能を秘めている人も少なくありません。本書ではそうしたグレーゾーン特性をもちながら才能を潜める人々を対象とするとともに、

①できないことより、強みである「天賦の才」に焦点を当てた特長の解説
②同様の個性をもった偉人の例示
③発達特性が理解しやすいように考えた独自の6つの分類

という三つの視点から解説していきます。

変な個性は「天賦の才」

発達障害と診断された人の場合だと、障害者雇用や障害者年金など、配慮された社会生活をおくることがあるのですが、グレーゾーンの人は、そうした支援を利用せず社会生活を営むことがほとんどです。

では発達特性は軽いのでしょうか？

グレーゾーンの人は、発達障害の人と同等もしくは、むしろ、より強い発達特性をもつことも少なくありません。そのため、並行作業が苦手だったり、時間どおりに行動できなかったり、上司の指示を理解しづらかったり、忘れっぽかったり、場の雰囲気が読めなかったり、予想外のできごとに慌てふためいたり、人間関係に苦労したりすることで、仕事やプライベートが上手くいかないことも少なくありません。

すると、ときには「自分なんてダメだ」などと自分を「否定的」にとらえて「不安」を感じたり「うつっぽく」なったり、日々の「後悔」や翌日の予定に対する過度の「緊張」などから、睡眠の質が低下し「不眠」が慢性化したりするのです。

さらに、落ち着きのなさから、じっとしているのが苦手で、ついつい無計画に予定を詰め込み過ぎて、疲れを溜めて動けなくなったり、独特の繊細さを併せもつタイプでは、音や光や人に疲れやすく、電車や人混みから帰るとベッドに倒れ込み動けなくなったりなど、状況を悪化させがちです。

こうした**グレーゾーンの人は、発達障害と診断される機会も少なく、「自分は怠けているだけだ」とか「能力が低いだけだ」などと誤解して生きづらい思いをしがち**です。

しかし彼らは、仕事でもプライベートでも、何とかなっていきます。大器晩成型ではありますが、むしろ普通の人より、優れた能力を人生の後半で発揮し、高い社会的地位を獲得したり、有名人や偉い人になったりすることも少なくありません。

では、なぜ支援が必要な発達障害と、才能を発揮するグレーゾーンで違いが生じるのでしょうか？

それは「天賦の才」によるものです。

彼らは**すごく苦手なものがある一方で、ものすごく得意なことがある**のです。苦手な裏に潜む得意なことが「天賦の才」となって彼らの才能を開花させるのです。

代表的な特性である「こだわり」は、頑固な職人として必要なものだったり、「不注意」はおっちょこちょいとして人間味として人を惹きつけたりします。つまり、発達障害に伴う独特の個性を生かして活躍する人たちは大勢いるのです。

偉人にも多いグレーゾーン特性と6つの分類

偉人をはじめとした**一流の人間には、個性的な人が少なくありません**。そうした特別な個性を観察すると、発達特性と似通ったものが少なくありません。

たとえば、こだわりが強すぎて好き嫌いが激しかったり、その反対に無頓着すぎたり、あるいは、不器用だったり、整理整頓が極端に苦手だったり……。自分自身の発達特性を認識している偉人もいれば、他人から指摘される偉人もいます。

歴史上の人物でいえば、ルネッサンスの巨匠として知られる**レオナルド・ダ・ヴィンチ**、「進化論」を著した**ダーウィン**、「相対性理論」を提唱した**アインシュタイン**が代表格。現代なら、iPhoneの開発者である**スティーブ・ジョブズ**やWindowsの開発者である**ビル・ゲイツ**があげられるでしょう。

発達特性は多彩です。本書ではこうした多様なグレーゾーン特性の存在を理解しやすいように、発達特性を20～21ページのような、6つのグループに分類しました。そしてそれぞれを個別に第1章から第6章で解説していきます。

偉人たちの工夫をヒントに「伸びしろ」を知ろう

もちろん、この**6つの分類に、すべての特性をもった人がきれいにおさまるのではありません**。たいていの場合、ひとりで複数の特性を濃淡さまざまに併せもつので、それらをわかりやすく表現するために、6つの特性の強さを表す六角形のレーダーチャートも掲載しました。

あくまで著者の主観による評価ではありますが、こうした違いを理解し、個別に苦手と伸びしろを知ることで、才能の生かし方やサポートの仕方が、よりわかりやすくなるでしょう。**グレーゾーンへの理解が進み、彼らが居心地のよい環境を得て、本来の能力を存分に発揮できるようにお手伝いする**のが本書の目的です。

それでは、発達障害グレーゾーンの特性と彼らの天賦の才をご一緒に見ていきましょう。

なお、本書では発達特性の理解を促すために偉人や漫画の登場人物を例示していますが、**彼らがみなグレーゾーンであると診断しているわけではなく、あくまで特性の例示であること**をご理解いただければ幸いです。

＼ひと目でわかる／ 6つの特性の「苦手な部分」と「伸びしろ」

第1章
「凝り性」がすごい
こだわり型（→P24）

ひとつひとつ丁寧な作業ができる。こまかいことに気づける

- 好き嫌いが極端で嫌いなものは無理という
- 興味の幅が狭い
- アドリブが利かない
- 諦《あきら》めが悪く、切り替えが苦手

▶

- 職人技を極める
- 小さな違いに気づく
- 勝ちパターンをもつ
- 納得するまで学ぶ
- 概念を系統的に整理できる
- 記憶力がよい

第2章
「ぶれない心」がすごい
無頓着型（→P46）

パイオニアとして新たな道をつくり、人々を引っ張っていく力がある

- 場の空気に合わせた行動が苦手
- 偉い人に媚《こ》びない
- ファッションにあまり気を遣わない
- 非常識な行動をしがち
- 食事に無頓着

▶

- 忖度しない
- 集中力がある
- 他人には真似のできない奇抜な発想ができる
- 行動がぶれない

第3章
「多彩な才能」がすごい
不注意型（→P74）

自分をよく知っており、他人のために多彩な才能を生かすことができる

- おっちょこちょい
- 不器用でミスが多い
- 予定があると気になって疲れてしまう
- 行動が遅く遅刻も多い
- 整理整頓が苦手
- 何をしても中途半端で、やりっぱなし
- 集中力が続かない

▶

- 寛容で大らか
- 臨機応変の対応ができる
- 謙虚で自分を過信せず、人当たりがいい
- マルチな才能をもつ
- 切り替えが上手

各型とも、左側の囲みが特性による「苦手な部分」、
右側の囲みが「伸びしろ」です。

第4章 「気遣い」がすごい 敏感型（→P94）

他人に寄り添うことが自然にできる

- 繊細で傷つきやすい
- 束縛に我慢できない
- 他人から影響されやすい
- 感情の調整が苦手
- 刺激的な相手と親密になると共感しすぎて危険

- 他人を惹きつける魅力をもつ
- 出会いを大切にする
- 表現能力に長ける
- 他人の気持ちがよくわかる

第5章 「冷静沈着な思考」がすごい 自閉型（→P118）

純粋で素直

- 引きこもりがち
- ものごとの両立が困難
- 人づきあいが苦手
- 集団にいるのは苦痛
- ストレスに弱い
- 完璧主義
- うそをつくのが苦手

- 観察力が鋭い
- 論理的に考えられる
- ストレスを回避できる
- 他人に頼らずに自立する
- ものごとに没頭できる
- 用心深い

第6章 「実行力」がすごい 衝動型（→P140）

要領がよく、つねに先のことを考え、優先順位をつけられる

- 落ち着きがない
- じっとしていられない
- イタズラがひどい
- 思いつきで行動する
- 予定を過多にしてしまうような無計画さ
- せっかちで作業が雑
- じゃまが入るとイライラする

- 自分で考えて行動できる
- 失敗を恐れずに挑戦する
- 仕事が速い
- 逆境に強い
- 責任感がある

第1章

凝り性がすごい「こだわり型」の才能

ここがすごい!

こだわり型

探求心が旺盛で物事を狭く深く掘り下げて考えるのが得意

ひと言でいえば凝《こ》り性の職人気質。遊びや勉強、趣味やコレクションなどで何かひとつのことを飽きずに続ける、好きなジャンルにだけは周囲が驚くほど詳しい知識をもつ、あるいは超のつくほど時間に正確というのも「こだわり型」の天《てん》賦《ぷ》の才です。探求心が旺盛で、わずかな違いに敏感だったり、物事を狭く深く掘り下げて考えるのが得意だったりします。

その一方で、切り替えは苦手で頑固。物には興味があっても、人に対してはそもそも無関心だったりする傾向がありますが、それも「脳の個性」のひとつといえるでしょう。

こうした子どもには、そのまま好きなことをさせてあげるのが親として賢明な策。時として奇異の目で見られることもありますが、じつは、カント、ダーウィン、藤子・F・不二雄といった偉人たちが「こだわり型」。彼らが、その後の歴史を変えるような学説や画期的な発見、あるいは多くの人たちに愛される作品を残したことは皆さんご存じのとおりです。

人付き合いは苦手
というか無関心ですが
好きな物にはとことんハマります
知識も熱量も超ド級！
そのまま好きなことをさせてあげましょう
いつか偉人になるかも…

「飽きない心」のもち主

イマヌエル・カント

同じ家の前を同じ時刻に通る

批判的哲学を提唱し、近代哲学の祖と呼ばれるイマヌエル・カントは**「飽きない力」**で同じ行動を繰り返した偉人の一人です。

彼の生活は「7時間睡眠、一日一食」のワンパターン。毎晩10時に寝て、翌朝は5時に起きます。朝は紅茶を2杯だけ飲み、昼食は肉料理とチーズと黒パンで、

午後1時から、きっちり3時間かけて食べながら、専門外の知識を得る会話を楽しみます。服装は寝間着《ねまき》を好み、朝7時に着替えてから自宅内で2時間講義をすると、また寝間着に着替え、昼まで勉強と執筆です。

散歩の時間も歩調もいつも同じ。毎日同じルートを同じ時刻に通るので、ある家の人は、カントが通る姿で時計の時刻が合っているかどうかを確認したそうです。夜は眠くなるので食事をとらず、読書に没頭する毎日。

こうした飽きずに同じ行動を繰り返す常同的《じょうどうてき》な行動の背景には、変化への弱さや新たな環境に慣れるまでに時間がかか

イマヌエル・カント

熟考計画タイプ（こだわり型）

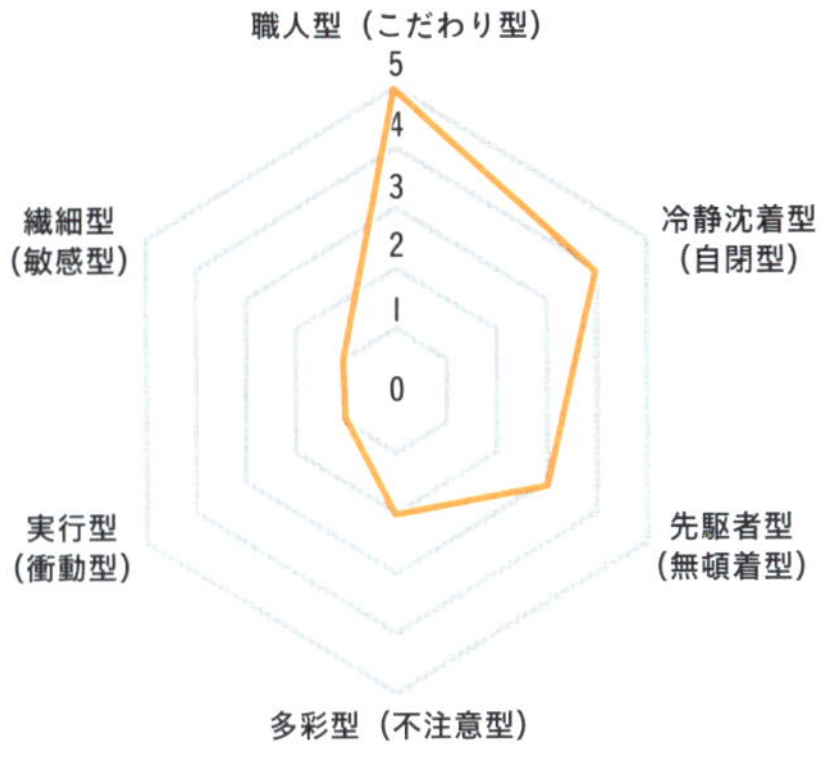

ASD傾向常同型

外面的な動きは少なく規則正しい生活をおくるが、内面的には深い思考にすべてのエネルギーを一点集中させることができる。感情に影響されず、合理主義的な考え方が得意。ただし、服装や食事などの生活スタイルも合理的になり極端に偏りがち。

るといった不自由な面もありますが、一方で、果てしない哲学的な考察を丁寧に、**長時間継続するのに必要な忍耐力**もあることがわかります。それは後世に大きな功績を残すためには欠かせないものだったといえるでしょう。

子どもがもつ「飽きない力」

「お願い、絵本を読んで！」と、あどけない表情を浮かべた子どもにそう言われた親が、同じおとぎ話を何度も何度も読み聞かせるのはよくある話です。

「どうして同じ話なのに飽きないのだろう」と、不思議に思う親を尻目に、子どもは目をキラキラさせて話に夢中になります。

幼い子どもが同じ話を聞くのが大好きな理由はふたつ。ひとつは「**結末を知っている話は安心**だから」、もうひとつは「**大好きな話は何度聞いても最初の新鮮な感動が色褪せない**から」です。

その子どもも、安心できる環境のなかで成長すると、話の感動が徐々に色褪せ、飽きがくるようになります。しかしそれは退屈を知ることにつながり、さらに、それを自分で解決しようとするなかで、新たなチャレンジへの意欲が生まれてくるのです。

ところが、そうした「飽きない力」が生まれつき人一倍強い子どももいます。「こだわり型の才能」をもつ子どもで「常同行動」という儀式的な同じ行動の繰り返しと、細かな違いに対する敏感さ、そして記憶力の良さが見られます。

特徴的な「常同行動」も大丈夫

遊びにしても、同じことを繰り返します。回るコマを長時間も見続けたり、積み木をしてばかりで、ほかの遊びに興味を示さなかったり……。遊びだけでなく、あらゆる生活動作でも同じ行動を好み、毎日同じ服を着て、同じものを食べ、シンプルで規則正しい生活を好みます。さきほどの絵本同様「毎日同じなら安心」だからです。逆に、服が違うと機嫌を損ねたり、食べ物をはじめ、あらゆることの好き嫌いが激しかったりと、親にとっては不便な面もあります。こうした生まれつき「飽きない力」がすごい子どもは、成長したあとも「飽きない力」を強くもち続ける場合があり、**並外れた飽きない力をもつ「職人気質の才能」**を開花させるのです。

複雑で凝った工芸品を作る職人や、こだわりのラーメン店主、あるいは研究熱心な学者などは好例でしょう。長時間没頭して突き詰める丁寧な仕事や研究に取り組むためには「飽きない力」と「ささいな違いへのこだわり」が欠かせません。仕事に限らず、**飽きずに夢中になれる趣味があれば、人生を豊かにする**でしょう。

ささいな違いに対する敏感さは、一般企業に勤めても、公務員になっても、たとえば製品チェックや帳簿の確認といった仕事で欠かせない能力です。

「諦めの悪さ」に困ったら破損したCD対応で

忍耐力があるのはいいとして、そうした子どもで困るのは「やめてほしいことを飽きずに諦《あきら》めずに続けること」かもしれません。たとえば「駄々《だだ》っ子」です。

親と買い物に来た幼い子どもが、お菓子売り場で「お菓子、買って〜」と泣いている光景は珍しくありませんが、たいていの子どもは、親の毅然《きぜん》とした態度から買ってもらえないとわかると、諦めて泣きやみます。

しかし「こだわり型」の子どもは切り替えが苦手で、また、頑固で強情です。「飽きず」に「諦めず」に駄々をこね続け、親のほうが根負けして、仕方ないから買ってあげるということになるかもしれませんが、そこは要注意。そうした子どもは、**諦めが悪いだけでなく、パターン化する才能もあるので、次回の「買って〜」は、さらにしつこくなります**。買ってもらえるまで諦めず、駄々をこね続けるのが「勝ちパターン」になってしまうのです。そうした子どもが大人になると、時としてクレーマーになりかねません。

親としての対応策は「勝ちパターンにしないこと」で、駄々をこねても得にならないと学習させるのです。子どもに「買って」と言われても、親のほうも諦めずに「買わない」と言い続けるのです。破損したCDが、同じところで音が飛んで繰り返すように、同じフレーズを「無理は無理」と言い続けるのです。

イマヌエル・カント（1724-1804年）
『純粋理性批判』『実践理性批判』『判断力批判』の三批判書などを発表した哲学者。規則正しいシンプルな生活にこだわる一方で「名よりも実をとる」ことをよしとして、授業を受ける生徒たちに「妻の選び方」について「美貌の女性よりも金持ちで持参金の多い女性を選びなさい」という助言をしている。

歴史を変えた収集癖

チャールズ・ダーウィン

こだわりから生まれた大発見

生物の進化の秘密を解き明かす大発見をしたチャールズ・ダーウィンは、**幼い頃から収集癖**がある一方で、興味のないことはまったく受け付けませんでした。

医師である父親は「お前は鉄砲を撃ったりネズミを捕ったりするほかは能なしだ」と言い、「落ちこぼれだ」とダーウィンを非難します。しかし、どれほど叱ら

れようが、ダーウィンは貝殻、鳥の卵、切手など、大好きな「珍しいもの」の収集を諦めずに続けました。

父親の勧《すす》めで医大に進んだものの、血が苦手で挫折。代わりに神父の大学に通いますが、まったく興味をもてません。一応、卒業して神父にはなりますが、22歳の時、世界一周の航海に誘われると、父親の反対を押し切り、船長の話し相手として海軍の測量船に乗り込むことに。世界中の珍しいものを探しに出かけたダーウィンはひそかにこう思います。

「神父に興味はないが、**空いた時間に珍しいものの収集ができるのは好都合**」。

5年の航海ののち、集めた珍しいもの

チャールズ・ダーウィン

博士行動タイプ（こだわり型）

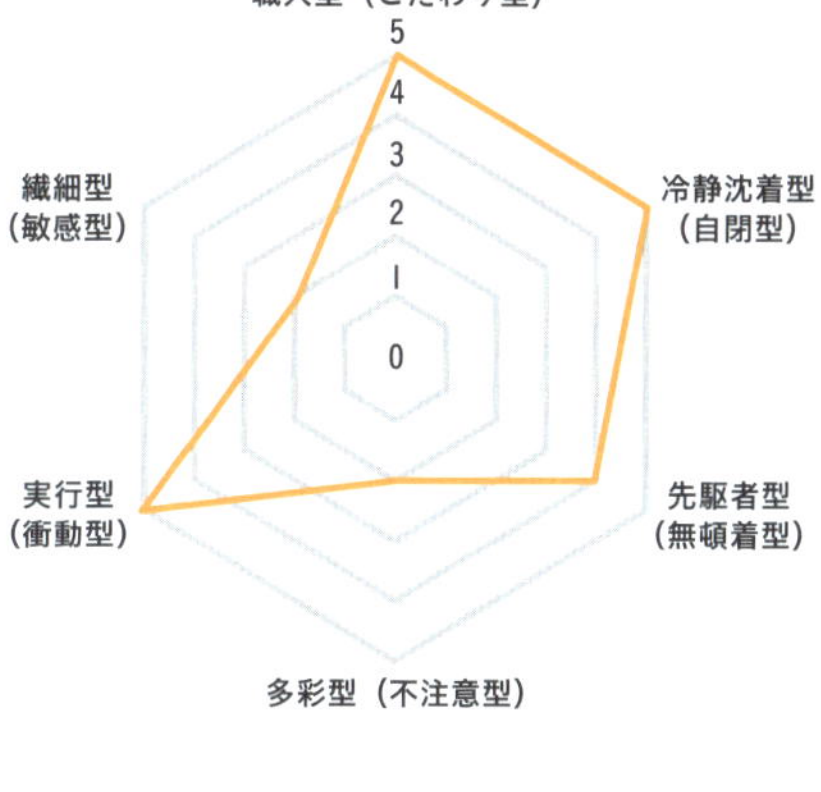

ASD＋多動ADHD傾向

好きなものへの没頭とフットワークの軽さに秀でたタイプ。博士のように好きな生き物の観察などに熱中して、勉強や仕事がおろそかになりがち。親の小言もへっちゃらで、目的の実現のために、平気で世界一周を始めるなど浮世離れした行動力にあふれる面も。

を整理していて、小さな違いに気がついたことから「進化論」を提唱し、世界の常識を変えます。彼の大発見には、興味の幅が狭いながらも、好きなことにとことん没頭する姿勢と小さな違いにこだわる気質が欠かせないものだったのです。

系統立てて整理する力

「こだわり型」は物事を系統立てて整理することに長《た》けています。ダーウィンも同様で、彼がとくに興味をもったのはガラパゴス諸島のゾウガメ。島ごとに甲羅が違うゾウガメが棲んでいることに気づき、三つの発見をします。

一つめは、生物が徐々に近縁の種に変化していったこと。

二つめは、今はもう生き残っていない哺乳類の化石を発見したこと。

三つめは、ガラパゴス諸島の多くの種が南米由来と思われるほど、南米の動物の種類に似ていたこと。

ここから彼は「生物が、大陸の変化により棲息地を変え、その変化に適応したのではないか」と考えます。

珍しいものを観察して判明した共通点を整理し、比べることで、未知の真実に迫るという科学的探究方法にたどり着いたのです。

絶対的な神を裏切る勇気

ダーウィンはまた、奇抜な発想ができる「無頓着型」（第2章で説明します）の特性も兼ね備えていて「進化論」が生まれたのも、その影響でしょう。

それまで人々が信じて疑わなかった「すべての生き物は神様がつくった」という『聖書』の教えに反する彼の説は、聖職者だけでなく科学者からも何十年ものあいだ、非常識だと否定され続けました。しかし彼は自説を曲げず、**当時、絶対的な常識とされた「神に逆らってまで」信念を貫き「なぜ」を追求した**のです。ここは「こだわり型」の特性で「空想より現実を重んじる思考」に根差しています。

そうした思考の影響で、抽象的なものへの理解は苦手ですから、空想上の神を信じることはなく、また、医学を学んだ経験や物事を系統立てて整理する才能によって、真理だけを信じる境地に到達したダーウィン。しかし結果的に「進化論」が認められたのは、科学の進歩とともに遺伝学が確立した100年もあとのことです。

「この理論が受け入れられるには、種の進化と同じだけの時間がかかりそうだ」とはダーウィンの言葉です。

大人顔負けの「博士ちゃん」

飽きない力のある「こだわり型」の子どもに、好きなことを好きなだけ没頭させてみるのは悪くありません。子どもの成長にとって、安心の積み重ねは欠かせないもので、安心を肥やしに成長し、精神的に安定した大人になっていくからです。とくに「こだわり型」の子どもは繊細《せんさい》で、ほかの子どもたち以上に不安になりやすく「同じことの繰り返しが何よりの安心」となります。

さらにそうした「こだわり型」の幼い子どもが、才能の片鱗《へんりん》を見せることもあります。大人顔負けの記憶力と探求心をもち、とことん好きになる力と、ささいな違いを見分ける力がすごいので、**何でも憶えてしまう「博士ちゃん」**になることがあるのです。

たとえば、魚にとても詳しい子どもであれば、魚の種類、特徴、棲息域などをまるで図鑑のように憶えてしまいます。ほかの子どもには同じように見える魚でも、わずかな違いに気づくのです。興味の対象は、車、電車、昆虫、動物、コインなどさまざまですが、どの子どもも興味のある分野となると目をキラキラと輝かせます。

「推し活」や「グッズ収集」にハマることも

周囲の大人たちは、そうした子どもを見て驚かされます。こだわり型の子どもたちにとって、大人や友だちの反応を見るのもじつは楽しみで、もてはやされる快感や小さな自信、達成感といったものを得ながら、意欲をもって探求心を高めていきます。

趣味が収集癖となり、膨大なコレクションを持つことも少なくありません。彼らにとって、**小さな自信も達成感も生きる原動力**となるのです。

好きなものを手元に置きたいのは人の性《さが》ですが「こだわり型」は、執着心《しゅうちゃくしん》が他人より強く、諦めが悪くなりがちで、推し活などにハマって抜け出せないということも起きます。しかし、特定のものには強い愛着をもちますが、興味の幅そのものは、どちらかというと狭い傾向にあり、ほかのことには興味を示しにくいのも特徴。そのため、勉強してほしいと思う親をやきもきさせることもあれば、お小遣いをすべて好きなものに費やしてしまうことも。ただ、「とことん好きになる力」と「ささいな違いを見分ける力」は天賦の才であり、遊びの延長のなかで、とことん突き詰めた先に、他人には真似のできない偉業を達成したり幸せを感じたりすることも少なくありません。

「好き嫌いの激しさ」を自己暗示で乗り切る

「こだわり型」は特定のものへの興味が強い半面、人への関心が低くなりがち。他人と関わる機会の乏しさから、意思疎通の成長がゆっくりとなるなど、人間関係で苦労しがちです。映画評論家の**淀川長治**《よどがわながはる》は、幼少期から映画に没頭した「博士ちゃん」気質のもち主でした。「人づき合いが苦手で相手にもそれが必ず伝わってしまう」一方で、「同僚が、好きな映画の悪口を言うと怒りを抑えきれない」という人でした。

そうしたなか、あるとき「他人歓迎」「苦労よ来い」「私は未だかつて嫌いな人に会ったことがない」という三つの自己暗示をかけます。これをひそかに唱えると「イヤな相手でも好きなところは見つかる」とわかり、他人と笑顔で接し、駅員やホテルマンにも声をかけるようになっていったそうです。

映画評論家としても「どんな映画にも必ずいいところがある」という視点をもち、細部まで熟知したうえで「表裏のない素直な語り口」を持ち味にしました。長年『日曜洋画劇場』（テレビ朝日系）の解説者としてお茶の間の人気を博したのは「天賦の才」を発揮できたためでしょう。**脳が個性的だと、意思疎通も個性的になりがち**で、意思疎通における個性は6つの才能の型ごとに異なります。

「こだわり型」の意思疎通の拙《つたな》さへの対応としては、好きなものを軸とした交流の中で、人と接する楽しみを見いだし、人への興味を促すこと。それにより、人間関係などでの苦労が克服されていきます。淀川長治は、来日するチャップリンなどのハリウッドスターへの取材を何よりも楽しみにし、交流を深めていました。

チャールズ・ダーウィン（1809-1882年）
牧師、のちに自然科学者で、すぐれた地質学者・生物学者とも呼ばれる。英国の測量船に乗り込み、主に南半球をめぐる航海へ。旅の途中で各地の動植物を収集・観察。その特徴などを研究し『種の起源』を著すと人気を博した。当初、認められなかった「進化論」も、のちには高く評価されている。

藤子・F・不二雄

人気漫画を生んだパターン生活

同じ生活スタイルを貫く

漫画『ドラえもん』の作者である**藤子・F・不二雄はまさに「パターン生活」をおくる人**でした。トキワ荘に暮らした時代は、毎朝6時に起床して米を炊き、みそ汁をつくり、朝食をとりました。

家族ができても起床時刻は変わらず6時。そのあとの生活も毎日一緒で、布団の中でしばらく構想を練ったあと、トース

トとサラダの朝食。9時に家を出て、喫茶店に立ち寄り、大まかな漫画の骨格のネームを作り、事務所で仕事を終えると寄り道もせず帰宅して家族と過ごします。

読書、映画、音楽が好きだった彼はこう言っています。

「本当に普通の人では、漫画は描けません。プラスアルファ自分だけの世界をもっているべきです。そういったことが、その人の奥行きになって、何か個性みたいなものが生まれてくるんじゃないかと思うんです」

口数が少ない彼を、仲間は「あんなに面白いマンガを描く人がこんなにしゃべらないなんて」と言っています。

藤子・F・不二雄

ひらめきパターンタイプ（こだわり型）

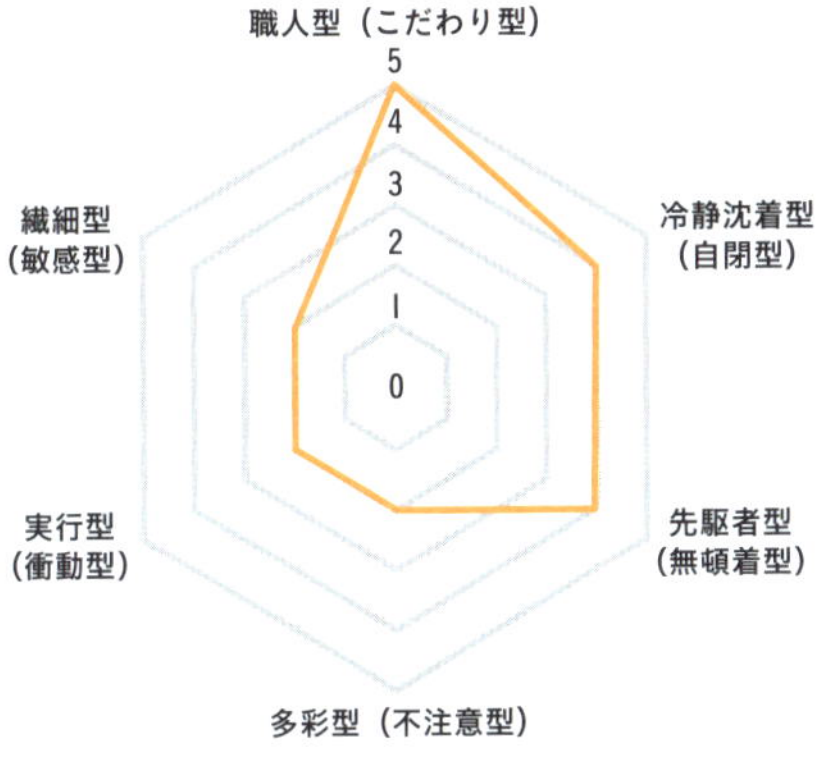

寡黙傾向面白型

規則正しいパターン化した生活の中にも遊び心を忘れない。趣味に没頭するひらめきとウイットに富んだ魅力的なタイプ。感動を与える創作物のパターン的な制作が得意。ただし、口数は少ない。

大ヒット作『ドラえもん』のストーリーは「問題に直面したのび太が、ドラえもんの秘密道具を借りて解決する」といういつも同じ「勝ちパターン」で構成されています。**「パターン化」という天賦の才**なくしては、誕生しなかったかもしれません。

「アドリブ」が利かないことには目をつぶる

「パターン化」の才能をもつと、多くのことを記憶したり、人が気づかなかった発見ができたりします。また、難しい問題を、整理することによって解決したり、あるいは、わかりやすく人に説明したりすることもできます。

約束の時間を守り、計画的に行動することも、就寝や起床、食事の時間など規則正しい生活も比較的得意なこだわり型ですが、その一方で、アドリブが利きません。**状況を瞬時に理解し、場面に応じて判断して行動するのは苦手**です。

見通しの立たない予想外のできごとも苦手で、そうした事態に直面すると、こだわり型は状況を受け入れられません。予定の時間が狂って、いつものとおりに生活できないと不安で落ち着きません。どうしていいかわからず、あわてふためき、時には癇《かん》癪《しゃく》を起こすこともあります。周囲の人が、時間どおりの生活を邪魔せず、予想外のことが起こっても見通しをわかりやすく伝えてあげるといった配慮をすることで、こだわり型の人の不安解消につながります。

また、前項で取り上げたダーウィンの妻は、夫について「今まで会った誰よりも素直で、隠しごとのできない人です。口から出るすべての言葉が、いつも本心なのです」と語っています。

これは第5章で説明する「自閉型」の特性です。言わなくてもいいことを言って失敗するケースも少なくありませんが「表裏のない性格のもち主」の証明ともいえるでしょう。相手の気持ちがわかりづらいので「悪気はなくても傷つけてしまうこと」もありますが、彼らはピュアな性格。**純粋でうそをつくのが苦手**なのです。

「勝ちパターン」の確立と「パターン生活」

アドリブが苦手な「こだわり型」の子どもは、どうすれば「パターン化」の才能を生かして、日常生活を乗り切れるのでしょうか。

それは**「勝ちパターン」の蓄積**です。多くの失敗のなかで、うまくいった経験をひとつのパターンとして記憶し、似たようなシチュエーションで応用して使うのです。

幼いうちは、もち得るパターンが少なくて予想外のできごとにフリーズしても、成長とともに**いろいろなパターンを蓄積すれば、問題を解決しやすくなっていきます。**

パターンを当てはめるだけなら、対応に要する時間もそれほどかかりません。周りの人には臨機応変に対応しているように見えるかもしれません。

ただし、パターンの数には限界があるため、柔軟性に欠けたり、他人の目に奇抜な行動として映ったりすることもあります。マニュアルやマイルールにも依存しがちです。そういった状況を、周囲が理解し、寛容さをもって見守ることが大切です。また、口数が少ない人にしても、知識を増やせば会話を豊かにすることができます。

藤子・F・不二雄（1933-1996年）

代表作『ドラえもん』のほか、合作で『オバケのQ太郎』『パーマン』など多くの作品を残した漫画家。トレードマークはベレー帽とパイプ。著名な漫画家が暮らしていたことから「聖地」とも呼ばれるトキワ荘時代からの規則正しい生活は結婚後も変わらず、家族との時間を大切にしたことも知られている。

第2章

ぶれない心がすごい「無頓着型」の才能

ここがすごい!

無頓着型

周囲の評価に臆することなく
我が道を突き進み先駆者に

あらゆる分野のパイオニアとして奇抜な発想で周囲の人たちを「あっ!」と言わせるのが「無頓着型」。驚くほどの集中力を発揮して物事に取り組む一方で、流行にまったく関心がなかったり、どんな相手であろうと忖度《そんたく》などしなかったりで、これまた周囲の人たちをヤキモキさせます。

しかし、彼らにとっての身上は、自分で決断し、ぶれることなく意志を貫き、我が道を行くという生き方。

喜劇王と呼ばれたチャップリン、20世紀最大の物理学者と称賛されたアインシュタイン、インド独立の父と敬愛されるガンジーが無頓着型の代表といえば誰もが納得するのではないでしょうか。

時には「愛想《あいそ》がない」とか「非常識」と見られることもありますが、本人の意思を尊重しながら、周囲があたたかく見守ることで、個性はぐんぐん伸び、いずれは大輪の花を咲かせる日がくるはずです。

流行に
感心ナシ
先生
おかしいですよ
忖度ナシ
集中力、
発想力は
バツグンです
ひらめいた!
彼らは
MY WAY
我が道を
行くのです
あたたかく
みまもりましょう
いずれ
大輪の花を……

権力に抗《あらが》い続けた喜劇王

チャールズ・チャップリン

偏見や差別に惑わされない信念

考え方の流行や社会の風潮が、人々の自由な言論や思想を奪うことがあります。米国で冷戦時代に行われた反共産主義での〝赤狩り〟もそのひとつ。

「世界の喜劇王」と呼ばれたチャールズ・チャップリンは**「忖度《そんたく》しない力」をもつ偉人**で、個人よりも巨大企業の利益を優先する社会に異を唱え、労働者の立場に立

って社会を痛烈に風刺した「モダンタイムズ」や反戦映画を作り続けていました。

時の権力者たちからは標的にされますが、彼は信念を曲げませんでした。しかし〝権力者の敵〟であり続けた結果、国外追放となります。チャップリンは、長年、映画を製作してきたハリウッドを後にし、スイスでの隠居生活を始めます。

その後、冷戦が終わると世の中の価値観が180度変わります。反戦を訴えたチャップリンの業績は見直され、ハリウッドに招かれ、20年ぶりに米国の地を踏みます。表彰式で、彼の作った映画の挿入歌が大合唱され、大きな賛辞がおくられたのは、ハリウッドからの謝罪といえ

チャールズ・チャップリン

典型的偉人タイプ（無頓着型）

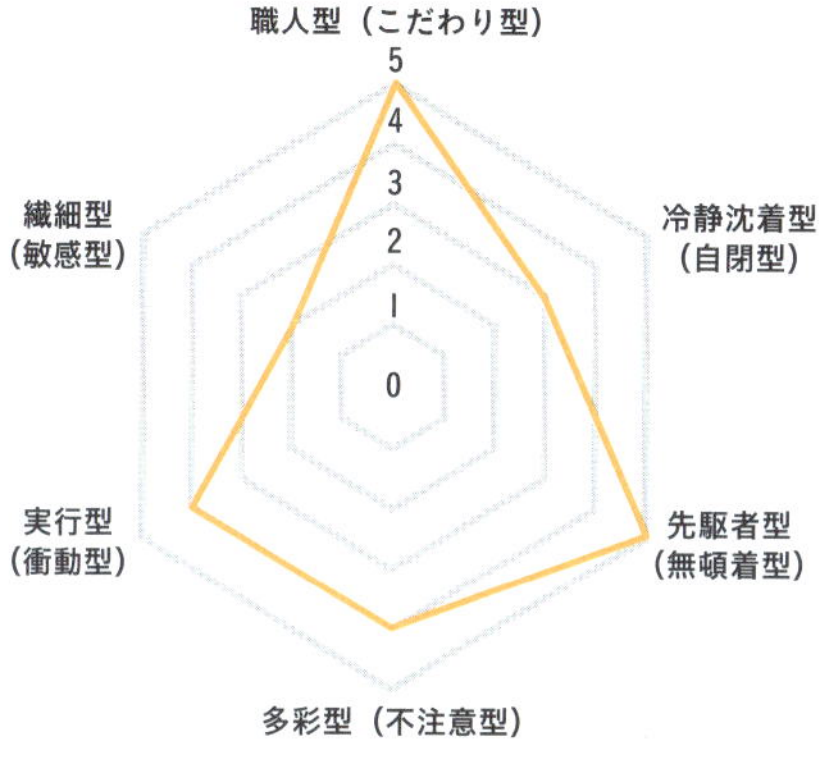

ASD＞ADHD混合傾向

流行に無頓着で周囲に影響されない強みがあるため、好きなものにとことんこだわることができる。実行力も備わり、人が成し遂げないことをやり遂げる力がある。先駆者型の人が考えない奇抜な発想を中心に、実行型とこだわり型の才能もバランスよく併せもつ。

るでしょう。世の価値観は時代とともに変わります。さらに、偏見や差別にとらわれない信念や誠実さを「見ている人」は必ずいて、あとで評価されるものです。

自分がいいと思えばぶれない

偉い人から何か言われると、たいていは「忖度」してしまうものですが、このように自分の考えを貫くことは大切です。じつは「忖度しない」人を見分ける方法のひとつが「その人が流行を追うかどうか」。もちろん例外もありますが、流行のファッションや考え方を追うのも一種の忖度だからです。

多くの人は流行に敏感で、はやりものの食べ物、ファッション、音楽、あるいはネット配信の視聴などに、すぐに乗ってしまいがち。人に媚《こ》びたり群れたり、人の顔色をうかがったり、場の雰囲気を察するのも得意です。

一方、いわば少数派の「流行に敏感ではない人」は、そうしたことに興味がありません。その代わり、自分がいいと思ったら、服でも靴でも、はやりすたりに関係なく大切に使います。**表面的なものに惑わされず、また、他人に操《あやつ》られるようなこともあ**

りません。そのため、支配階級や支配的な上司といった人たちからは、疎《うと》まれることもあります。

しかし、自己の利益に関係なく、物事の良《よ》し悪《あ》しがわかる人からは評価されるのが、ぶれない心をもつ「無頓着型」で、これはすごい才能といえるでしょう。

社会に忖度しない彼らは先入観からも自由で、奇抜な発想も得意です。

チャップリンに話を戻すと、名作「黄金狂時代」で伝説となっている「革靴を食べる」シーンや、部分部分は喜劇ですが全体のストーリーは悲劇となっているという展開で観客を泣かせる彼の映画のスタイルは、「無頓着型」の奇抜な発想なしには誕生しなかったに違いありません。

チャールズ・チャップリン（1889-1977年）
英国出身の喜劇役者で、映画俳優、映画監督、脚本家、作曲家としても活躍。「黄金狂時代」「モダン・タイムズ」「独裁者」「キッド」「街の灯」など多くの名作映画を残した。運転手として雇った日本人が、誠実で仕事ぶりが熱心だったことから、お手伝いさんには日本人女性を雇い入れたという逸話もある。

留まるところを知らない探求心

アルベルト・アインシュタイン

「無頓着」+「こだわり」の天才

相対性理論で有名なアルベルト・アインシュタインは「無頓着型」だけではなく、探求心の強い「こだわり型」であると同時に「癇癪《かんしゃく》もち」でもありました。

妹のマヤは「それ（癇癪）は突然やってくるの。兄の顔色が黄色くなってくると私はそばから離れるようにしたわ」と振り返ります。

アインシュタインに限らず「こだわり型」の特性として癇癪を起こしやすい点があります。これは、他人の感情に鈍感で**人づき合いが苦手なように、自分自身の感情にも関心がなく鈍感**で、疲れや怒りを感じにくく、さまざまな思いを溜め込んでしまい、結果として曖昧《あいまい》な感情として爆発させてしまうためです。

質問を繰り返す癖もあり、納得するまで質問が止まりません。「なぜ一日に夜と昼があるの？」「なぜ猫は音を立てずに歩けるの？」「光はどこからくるの？」……。

家庭教師から学ぶばかりで、学校の集団生活にはなじめず、友だちもできなか

アルベルト・アインシュタイン

理論研究者タイプ（無頓着型）

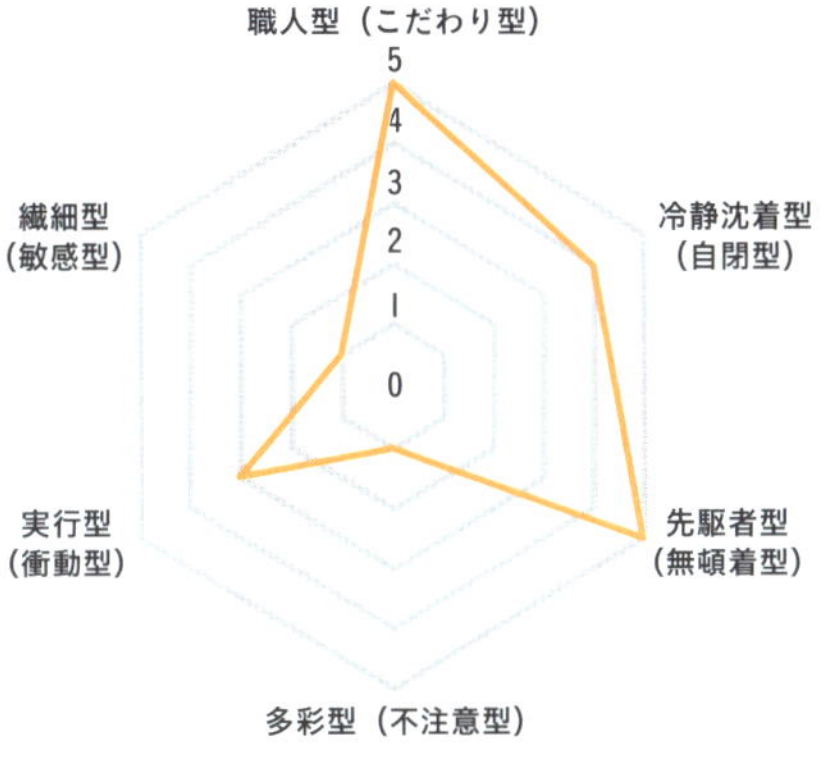

ASD傾向好奇心没頭型

興味の幅が狭く、人づき合いが苦手だが、物事に深く没頭でき、好奇心から小さな違いを見分けるのが得意。職人型、冷静沈着型、先駆者型の3つの才能を併せもつ。没頭して我を忘れるような鈍感力が強みで、時に突拍子もない実行力が世紀の大発見につながる。

ったアインシュタイン。高校を中退すると、父親は自分と同じ電気工学を学ぶように勧《すす》めますが、将来は哲学などを教える仕事に就きたかった彼は「僕は実学には向かないよ。好きでもないしね」と断ります。

現実の生活では不器用であっても「なぜ？　どうして？」という探求心が人一倍強い「こだわり型」の子どもは探求心を突き詰めることで良さが伸びていきます。

ゆで玉子を殻ごと食べる天才

アインシュタインは、こだわり型だけではなく無頓着型の特性も併せもっていました。たとえば食事にも無頓着で、学生時代の昼食は、ひと切れのパンと牛乳のみ。好物はチーズとトマトの入ったスパゲティで、昼寝後には午後のお茶を楽しみました。

卒業して就職し、研究に没頭している時期には、時間節約のためにとスープの鍋に玉子を入れ、火が通ると殻ごと食べていました。その頃は離婚のストレスもあって、やせ細り、胃潰瘍になりますが、いとこのエルザの看病で持ち直します（その後、エルザとは結婚しています）。服にも無頓着で、クローゼットには擦り切れた、同じようなデザインの5着の上着がかかっているだけ。靴下は履かず、スリッパで過ごしていました。散髪も苦手だったようです。アインシュタインは「無頓着」と「こだわり」の才を併せもち、不要な思考を減らした集中環境で偉大な仕事を成し遂げたのです。

妹のマヤは「兄は部屋の中が騒々しくてもまったく気にしないの。ソファ、ペン、メモ用紙、インクスタンドがあれば問題を解くのに夢中になれる人。周囲の賑やかな会話なんて、応援歌みたいだったわ」と振り返ります。

「知りたい願望」は誰にでもある

何かに興味をもてば、より深く知りたいと思う気持ちは誰にでもあるものですが、それが並外れて強い子どもは「なぜ？」が止まりません。突拍子もない質問を、納得するまで繰り返すため「面倒な子ども」と思われることもあります。しかし、じつはこれも「天賦《てんぷ》の才」で、たとえばダーウィンは、「ゾウガメの甲羅の違い」など、普通の人は「ふ〜ん」で終わってしまうことを理由がわかるまで深く探求し続けて、ほかの誰もが気づかなかったことを発見しました。

「こだわり型」の子どものすごさは、探求心に引っ張られ、他人に言われなくとも、自分で勉強できることで、これもまた「すごい力」でしょう。

想像力も豊かで、好奇心も強く、記憶力も良く、膨大な情報を整理して、真理を追究する忍耐強さと、徹底して考え抜くエネルギーを兼ね備えています。また、他人に迎合しませんから、影響を受けることもなく探求心をもち続けることもできます。

独創的な工夫は、時として奇異の目で見られることもありますが、それもまた「こだわり型」の特徴であり「すごい強み」でもあるのです。

指示に従うのは苦手でも自分から学べる

好奇心の赴《おもむ》くままに自分で勉強するのが得意でも、他人から言われて何かをやらされたりするのは苦手な「こだわり型」。集団行動のように他人と歩調を合わせるのも不得意で、また「どちらかといえば無愛想な印象が強い」という傾向もあります。その理由は「愛想のよさへの関心が薄いため」です。

何かに没頭していて、愛想をよくするためのエネルギーを使う余裕がなかったり、そもそも愛想笑いに無頓着だったりする場合もあります。まれに、表情認知の能力に障害があり、相手の表情の違いがわからず、また、自分でも表情に出せないこともあり、「非言語的コミュニケーション」が苦手な人もいます。

愛想《あいそ》の悪さは、時に「機嫌が悪い」とか「気難しい」といった誤解を受けることもあります。しかし、性格は控えめで謙虚ですから「接してみると、親切で親しみやすい人だった」と、あとになって周囲の人がわかることもあります。

「こだわり型＝人づき合いが悪い」というわけではありません。愛想のよさを強要されず、不愛想を大目に見てもらえれば、その人のもつ探求心は伸びていきます。ただし、一人の時間を尊重されるのが大切で、それによって空想から想像力が育まれ、みずから学ぶすごい力が、より生かされるのです。

アルベルト・アインシュタイン（1879-1955年）
特殊相対性理論および一般相対性理論などで知られる物理学者。光量子仮説に基づく光電効果の理論的解明によって1921年のノーベル物理学賞を受賞。20世紀最高の物理学者と呼ばれる一方で癇癪もち。研究が行き詰まると、バイオリンを弾いて気分転換をした。世界各国での講演活動の際にもバイオリンを持参。

独立の裏にあった奇抜な発想

マハトマ・ガンジー

奇妙な論理が世界を変える

　非武装闘争で、英国からのインド独立を勝ち取った**マハトマ・ガンジーは「奇抜な発想」の才をもつ一人**です。内向的で緊張しやすく、人前に出るのは苦手でしたが、行動力があった彼はある時、自給自足の農園を作ります。しかし、付設の学校で男女生徒の好ましくない事件が起こりました。すると、彼は罪を犯した

生徒を罰せず、次のように言いながら、自分を罰して7日間の断食を行います。

「生徒が罪を犯したのは、自分自身に何か悪いところがあったからであって、生徒の罪を取り除くには、まず自分の中から取り払わなければならない」

「奇妙な論理」から始まったガンジーの言動は、その後、人々の心を動かし、やがて母国インドを独立に導きます。武力以外に植民地支配から独立する手段がなかった時代に、どれほど暴力を受けても投獄されても、ひたすら耐え抜いたガンジーが、最後には勝利したのです。

晩年の彼は、争いの絶えない社会にこう言って警鐘を鳴らしています。

マハトマ・ガンジー

謙虚先駆者タイプ（無頓着型）

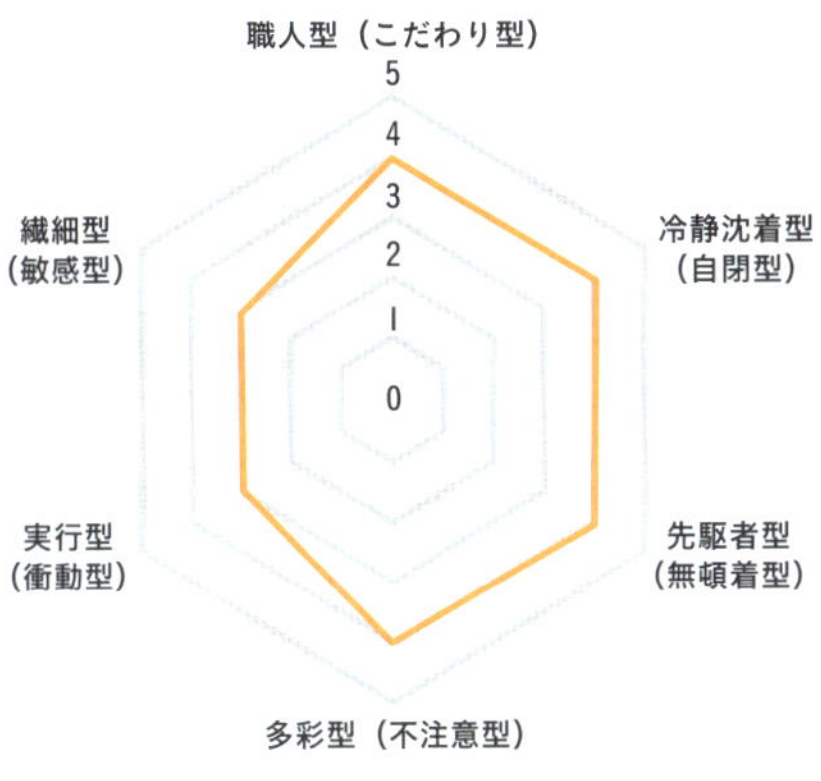

ASD＞ADHD混合＋軽度HSP傾向

派手さはないが謙虚で地に足をつける。打たれ強さが最大の強みで、着実に目標に向かうタイプ。ぶれない安定感と調整能力から有能な政治家などに多い。先駆者型を中心に多彩型や冷静沈着型の才能を併せもつが、繊細さがあり緊張しやすい一面もある。

「文明の本義は需要を増やすことではなく、慎重かつ果敢に欲望を削減するところにある」

断食から独立運動を成功させる……普通に考えてさっぱり理屈が通らないことでも成し遂げる。これこそがまさに「無頓着型」の「先駆者気質の才能」で、彼らの行動は奇抜ですがぶれません。他人には一見不思議な理屈でも、**無頓着型は目先にとらわれず、広い視野で物事を考えることが得意**なので、最終的に辻褄《つじつま》が合うのです。

理解者がいれば花は咲く

「無頓着型」は、新しい世界の扉を開ける鍵をもっているともいえそうで「先駆者」となる可能性を秘めています。先入観や束縛にとらわれず「発想の豊かさ」「奇抜な着想の鋭さ」から、人が思いつかないアイディアを生み出します。社会や集団の中にいても、まるで無人島や荒野に一人でいるかのようにふるまえるのが「無頓着型」です。

しかし、独自の理論による「マイペース」な行動は、既成概念で凝り固まった多くの人たちの目には不可思議に映り「非常識で、現実離れしている人」と思われることも少なくありません。とくに幼少期においては「変わり者」として邪険にされたり、奇異の目で見られたりすることもあります。しかし、**彼らの才能の本質を見抜く身近な理解者がいれば、やがて大輪の花を咲かせることになる**はずです。

誤解される一面も含めて個性

幼少期に厳しい父を無視して無口だった物理学者の**湯川秀樹**《ゆかわひでき》も変わり者と誤解されていました。父親から「何を考えているかわからん」と言われ、兄弟と比べて才能が低いと見られていました。その父親がある時、旧制中学校の先生に「大学教育は諦めて、専門学校にでも行かせたほうがいいか」と相談します。すると彼の良き理解者だった恩師はこう答えます。

「秀樹君はね、あの少年ほどの才能というものは、滅多にない。（中略）秀樹君の頭脳というものは、大変、飛躍的に働く。着想が鋭い。それが、クラスの中で、とびぬけている。将来性のある子だ。あなたが今まで、それがわからずにいたとは、思わないが……」

そう聞いた父親は空を見上げて「わからなかったわけではない」と呟《つぶや》いています。

普段は従順だった母も、この時は、父に「目立つ子や才気走った子だけが優れた仕事をする人になるとは限りますまい。かえって目立たない子のほうが……」と意見。

自由を重んじた理解ある恩師の目に狂いはなく、磨きのかかった「奇抜な発想」により、それからおよそ10年後、湯川博士は日本初のノーベル賞に輝く論文を書くのです。

その湯川秀樹は「何かというとお互いに真似ばかりする。外国の真似をする。これはもうやめてほしいと思うんです。ただ流行を追って満足しているというのは、非常につまらない生き方ですから」と言い、「人間がみな同じようになるというのは、一番つまらないことだ」と、「無頓着型」ならではの感覚を語っています。

研究ほど幸せなものはない

新たな放射線元素の発見で、2度のノーベル賞を受賞した**キュリー夫人ことマリ・キュリー**は、**並外れた集中力をもつ「無頓着型」**の一人です。

彼女が幼い頃の家は、父親が生活の足しにと、生徒を住まわせていたため、まるで学生寮のようでした。夜、彼女が眠る食堂は、朝になると生徒が勉強する教室となり「一日中、学校の中で過ごしているみたい」と言っています。その「没頭できる環境」がマリの才能を伸ばしたのでしょう。しかし、彼女が勉強しすぎるのを心配した父親から「お前は、勉強となると限度を知らず、熱中しすぎて身体をこわしかねない。田舎でのんびりしなさい」と言われ、一年にも及ぶ田舎生活を体験。勉強から解放され、乗馬にスポーツ、お祭りと大いに自由を謳歌《おうか》しました。

その後、一度は大学を諦めますが、家庭教師をしながらお金を貯め、当時100人に1人程度の割合だった女子学生としてパリに留学。再び学業と研究に没頭します。食べることも忘れる毎日で、7キロも痩《や》せて体調をくずしたこともありましたが、研究の成果はあげていました。彼女は当時を振り返り「古ぼけた倉庫の中で研究に熱中していたあの数年間こそ、生涯の最も幸福な時代だったのです」と言っています。

そんな彼女は苦学生時代に、あまりにも寒い夜、布団の上にありったけの服をかけます。それでも足りず、布団の上に椅子を載せて寒さをしのぎます。こうした行動の奇抜さもまた、偉業を陰で支えた「無頓着型」の才能のなせる業です。

熱中を楽しめる無頓着型

集中力がすごいのは子どもの特徴。疲れを知らず、寝落ちするまで遊んだり、夢中になって食事の時間を忘れたりするのもよくある話で、親に守られている安心感が周囲への警戒を解き、没頭しやすくさせているのです。

「無頓着型」の才がある人は、成長しても子どものような集中力をもち続けます。他人への配慮にエネルギーを使わないなど、いい意味での鈍感さもあり、自分の関心事だけに意識を集中させ、それ以外の情報は排除しますから、周囲の雑音も気になりません。その結果、**一点集中的に自分の才能を伸ばすことができる**のです。

他人の評価を気にせず、信念をもって好きなことに没頭する「集中力」を、人一倍もつ「無頓着型」の人は〝熱中〟を楽しんでいるのです。

服装や食事にはおかまいなし

こうした人一倍の集中力の反動として、「無頓着型」はふたつのことを同時に行うの

は苦手です。また、身のまわりのことをきちんとするのも苦手ですが「いつも同じ食事や服装」にすると決めてしまうことで、何を食べるか、何を着るかに悩むことなく、より考えごとに時間を使うことができます。

同様に、一流の人で同じ服をルーティン化している例は少なくありません。たとえば、アップル社を大企業にした**スティーブ・ジョブズ**は、いつも黒のタートルネックにブルーのジーンズ、ニューバランスのスニーカーを履いていました。アインシュタインも、いつも同じような上着を羽織っていました。他人がどう思おうと気にしないため、**周囲の人は、服装や食事に無頓着であることを肯定的に受け入れ、非難せず**、逆に、できないことは手伝ってあげるなど「才能の芽」を摘み取らないように配慮をすることで天賦の才が育まれていきます。

マハトマ・ガンジー（1869-1948年）
「インド独立の父」と呼ばれる政治指導者であり、弁護士、宗教家としても活躍。参加した独立運動を暴力で止めようとする力に対して「非暴力闘争」を掲げ、その勇気と忍耐が多くの人の心をとらえた。非暴力抵抗運動のひとつである「ハンガー・ストライキ」はガンジーが始めたものとされている。

多くの特性をもったハリウッド女優

オードリー・ヘップバーン

忖度なしの発言

映画「ローマの休日」でアカデミー賞主演女優賞を受賞した**オードリー・ヘップバーンも「忖度しない偉人」の一人**。彼女は代表作のひとつである「ティファニーで朝食を」について「私がいままでに演じた役のなかのベストです。なぜなら、いちばん難しい役だったから」と話しています。内向的な彼女が、田舎の出身で

外向的な娼婦の役を演じた映画で、劇中では主題歌の「ムーン・リバー」を弾き語りするシーンもありました。

ところが、試写をみた映画会社の社長が「ひとつだけ注文がある。あの歌をカットしなさい」とひと言。それを知って、ふだんは感情をほとんどあらわにしない彼女が珍しく激昂して立ち上がり「私が生きているうちは、ぜったいにそんなことはさせません」と言ったのです。

結果的に、そのシーンは使われることとなり、映画の成功とともに「ムーン・リバー」はアカデミー賞歌曲賞とグラミー賞3部門を獲得し、のちには多くの歌手によってカバーされています。「お世辞

オードリー・ヘップバーン

謙虚バランスタイプ（無頓着型）

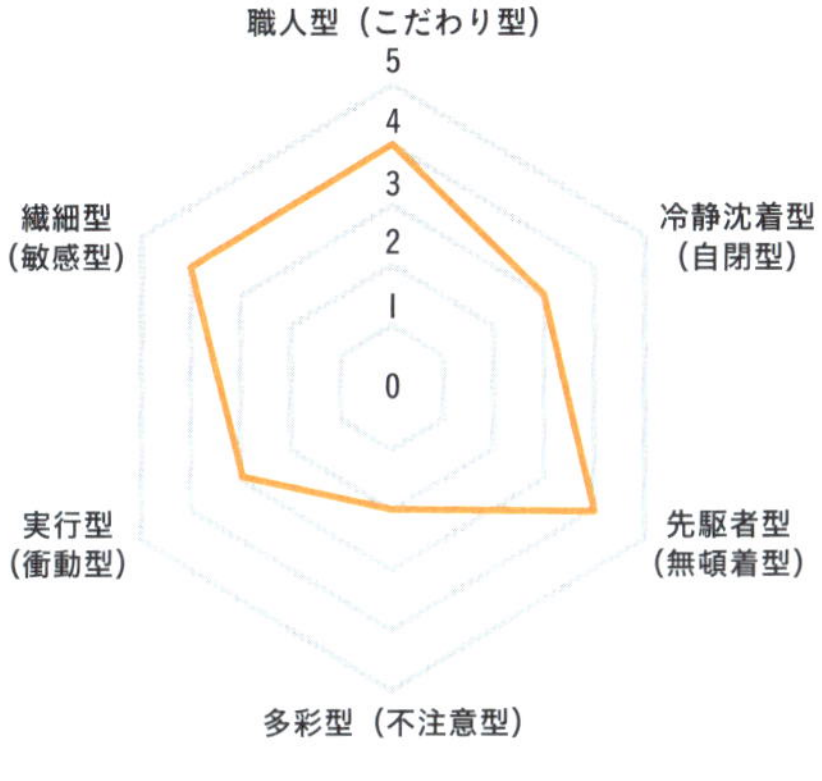

ASD＋ADHD＋HSP傾向

本をよく読み言語能力が高く、控えめなため、一見特徴は目立ちづらい。しかし、隠れた努力の積み重ねが得意であり、ここぞという場面で、強い信念を貫き通すなどの才能を発揮して第一線で活躍するタイプ。みずからアピールするほうではないが、人から才能を発掘されて伸びる。

からは何も生まれません」とは、そんな忖度しない「無頓着型の才能」を発揮したオードリーの言葉です。

恋と仕事の両立は無理

発達障害では程度の違うさまざまな個性を併せもちがちで、グレーゾーンの人や、同様の天賦の才をもつ偉人も同じです。オードリーも、そうした一人といえそうです。彼女には「忖度しない」無頓着型の才能に加え、第5章で説明する**「自閉型」の特性である「真面目で、かたくなで、一生懸命だが不器用な面」**もありました。

「役を受ければ結婚式どころではなくなってしまう……」

婚約をし、すでにウェディングドレスも作っていた22歳の彼女が悩んだのは、映画「ローマの休日」のヒロイン役が舞い込んできた時でした。「5歳から始めたバレエで挫折したあとの生活の糧《かて》に」と映画に出演するものの、それまでは端役《はやく》ばかりだった彼女にとって「ハリウッドの大作で主役」は大抜擢です。結局、婚約者に別れを告げて、一人でニューヨーク行きの船に乗り込みます。幼い頃に両親が離婚したつらい経験もあって、結婚に対して慎重だったこともあったのでしょう。

彼女はのちに「仕事にも恋をしているのに、彼と結婚するのは、彼に対してアンフェアだわ」と振り返っています。杓子定規《しゃくしじょうぎ》にも思えますが、苦手な並行作業を回避して、映画に専念したことが、のちの彼女の活躍につながったのでしょう。

謙虚さから生まれた新しい美のかたち

「自分は美人ではない、有名になったのはただの偶然」と言ったオードリーは、第3章で説明する**繊細で謙虚という「不注意型」**の特性ももっていたといえるでしょう。

他人がうらやむような美貌をもちながらも、自分自身の容姿に劣等感を覚えていた彼女は、自分を魅力的に見せるために研究します。肩幅を広く見せないようにと襟元にスカーフでアクセントを加え、丸みのない身体つきを目立たせないような服を着ます。大きな鼻や小さい目、四角い顔をカバーしようと、メイクで目を大きく強調したり、顔が色褪せて見えないように鮮やかな色の服を避けたり……。

「謙虚さ」という天賦の才を生かした彼女のひたむきな努力により、バストやヒップが大きいほど美しいとされていた時代に、痩せてすらりとしたボーイッシュな女性の素晴らしさが認められるようになり、その後、新しい美のかたちとなったのです。

友情は無償のもの

さらに、オードリーには第4章で説明する「敏感型」の特性である、他人への思いやりをもつ良さもありました。

「ローマの休日」で共演したグレゴリー・ペックと生涯の友情を育んだ彼女。最初の夫はグレゴリー・ペックの主催するパーティーで出会った相手で、のちに離婚しましたが、子どもへの配慮から、元夫のことを悪く言うことはありませんでした。その後、再婚しますが、やはり破綻《はたん》。

ある時、見かねた友人から「君はもっと自分を好きになったほうがいいね」と言われ、その言葉の意味を何度も考えます。そして**「私にとって最高の勝利は、自分と他人の欠点を受け入れられるようになったこと」**と言えるようになり、その後、結婚はしなかったものの、よきパートナーとめぐりあい、生活は安定します。

両親の離婚により、6歳の時から疎遠となっていた大好きだった父親とも再会し、経済的支援をすることで「捨てられた自分」にも別れを告げます。

さらに、ユニセフ親善大使になると、戦争で飢餓《きが》に苦しんだ少女時代の自分を助けてくれた国際機関に恩返しをするという**自分の存在意義**に気づきます。オードリーは人の期待に応えようと精一杯に生きた先で、素晴らしい日々を手に入れたのです。

彼女は人生で一番大切なことについて「ほかの人間の苦しみへの共感ほど大切なことはない。キャリアでも財産でも知性でも地位でもない。尊厳をもって生き残るのだとするなら、たがいに思いやりをもつしかないのです」と言っています。

彼女の衣装を2作目の映画「麗しのサブリナ」から担当することになった、デザイナーのジヴァンシー（GIVENCHY）との出会いも大切なものになりました。

シャネルの後継者と評される彼は、ある時、自分のブランドの香水を作り、広告にオードリーの名前を無断で使います。しかし、彼女は報酬を受け取らず、その理由について尋ねられるとこう答えます。

「何も欲しくないわ。香水もお金も。彼は友だちだもの」

晩年は、頼まれても映画に出ることはなくなりました。一方で、ユニセフ親善大使として、戦争中の貧しい国々で、自分の子どものときと同様に、困っている子どもたちの支援に熱心に取り組みます。「苦しんでいる人に対して、泣いて見せても意味はない。希望を与えなくては」と自分に言い聞かせ、どんな悲しい場面に出くわしても、楽しい未来を印象付けようと、温かく楽し気な表情を終始絶やしませんでした。

ある日そうした活動のなかで体調をくずして米国で検査を受けたオードリーは、医師から「もうあまり時間がない」と告げられます。

体の衰える彼女が、スイスの自宅での最期を希望すると、その彼女のために米国からスイスまでの自家用ジェットを手配したのは、生涯の友・ジヴァンシーでした。

このような思いやりの先にある素敵な出会いに支えられて魅力を輝かせるのも敏感型の才能です。

オードリー・ヘップバーン（1929-1993年）
「ローマの休日」でアカデミー主演女優賞を獲得して以降、「麗しのサブリナ」「ティファニーで朝食を」「シャレード」「マイ・フェア・レディ」「暗くなるまで待って」など数多くの人気作・話題作に出演。後半生は国際連合児童基金（ユニセフ）の仕事に取り組み、親善大使として紛争地域の子どもへの援助活動に献身。

第3章

多彩な才能がすごい「不注意型」の才能

ここがすごい!

不注意型

苦手なことは、とことんダメでもチャレンジ精神で才能が開花

切り替え上手で柔軟な対応ができるうえに謙虚……とくれば、まるで優等生ですが、じつは、ひと癖もふた癖もあるのが「不注意型」です。さまざまなことに興味をもち、思い立ったらチャレンジするのはいいとして、ほかのものを目にすると、そちらに魅かれてしまうという移り気で中途半端な気質も。引っ越しを繰り返した絵師、葛飾北斎《かつしかほくさい》は好例でしょう。

落ち着きがないことや整理整頓が苦手という特性もありますが、問題が起きても、鋭い直感力で解決します。とりわけ「何とかなる」と思えるポジティブさや大らかさは天下一品。

こうした子どもに対しては、不注意を叱らず、改善を助言せず、苦手をありのままに受け入れることで、劣等感からくる自己肯定感の低下を防げます。すると、その行く末は?

現在でも多くの国民に愛されている米国大統領のケネディだったり、四川料理の父と呼ばれ、大衆からも慕われた陳建民だったりするのです。

謙虚・我慢強い
柔軟？
移り気な
気質も相当です
北斎もこのタイプ
引っ越しまくりです
引っ越すか
引っ越そう
引っ越すぞ
得意の直観で
問題を解決
なんとかなるさ
そして何より
超ポジティブ
叱らず、否定的な
発言もNG
きっと人々から
愛される存在に

何にでも興味をもつ天才浮世絵師

葛飾北斎

移り気から転居三昧

「富嶽三十六景《ふがくさんじゅうろっけい》」をはじめ、3万点以上ともいわれる優れた作品を残し、日本の絵画界のみならず、ゴーギャン、マネなど世界中の有名芸術家にも多大な影響を与えた浮世絵師の葛飾北斎《かつしかほくさい》。

彼には、**何にでも興味をもち、思い立ったらやってみる才能**がありました。

18歳で浮世絵の師匠に弟子入りし、持

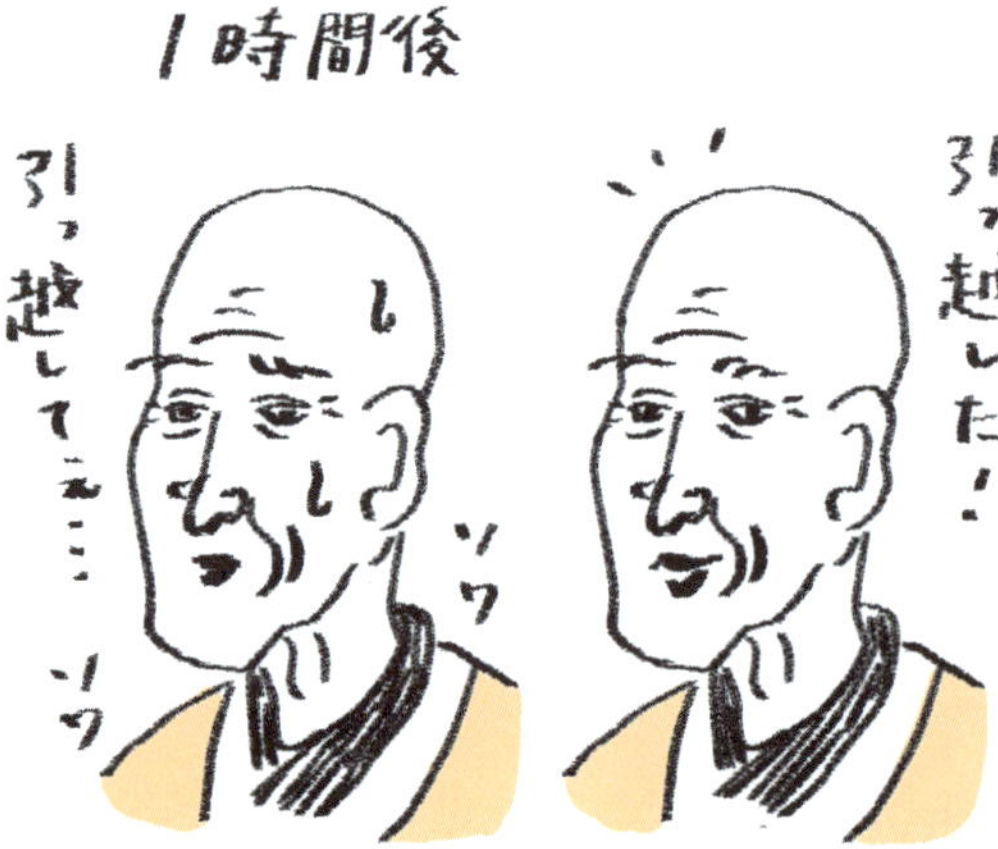

ち前の好奇心で才能を発揮しますが、整理整頓が苦手。家は散らかり放題で居心地がよくありません。

お金の管理もずさんで借金取りに追われる日々。**飽きっぽく移り気な気質と逃避行動から引っ越しを繰り返し**、その回数は生涯で92度にも及んだといいます。「1日に3度の引っ越し」も経験、晩年は6年間に30度も転居したと伝えられています。

住む家だけでなく、雅号《がごう》（筆名）も変えています。「北斎」のほか「春朗」「画狂老人」などで、その数は27。

名前とともに画風も変え、晩年は「雷神」など空想上の絵を多く描きました。

葛飾北斎

マルチ才能タイプ（不注意型）

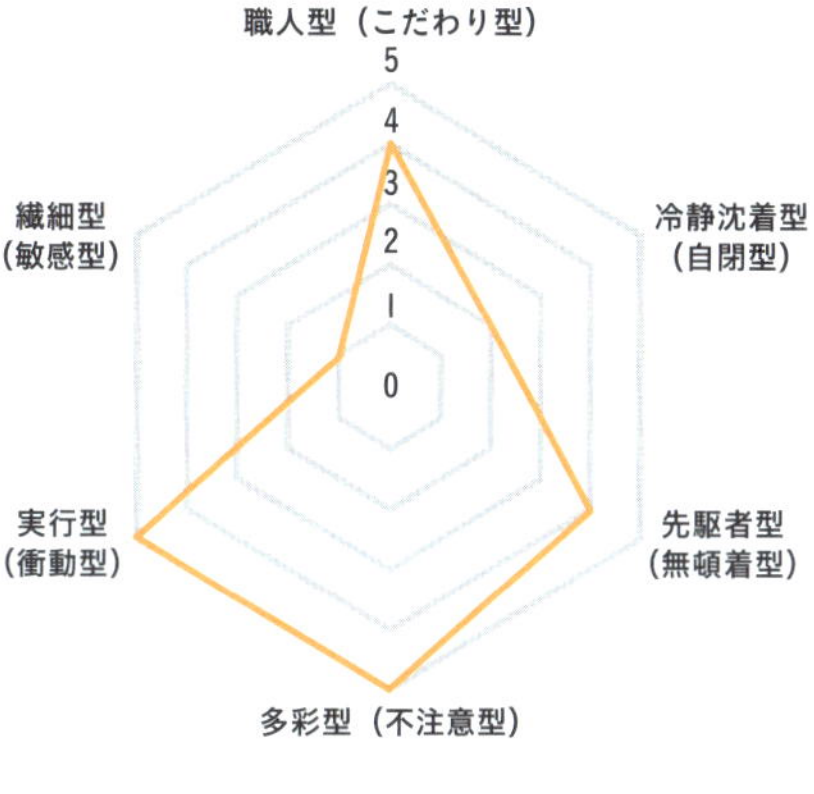

ADHD傾向多彩型

切り替え上手で、試行錯誤しながら、さまざまなことに挑戦できる。多彩な才能を発揮しやすいが、注意散漫になりやすく整理整頓はとても苦手でごみ屋敷のリスクも伴いやすい。計画行動も苦手で長続きはせず飽きっぽい。多彩型の才能を中心に、先駆者型と実行型の才能を併せもつ。

移り気に翻弄されながらも新たな挑戦をし続けた偉業は「何にでも興味をもつ」不注意型の才能が支えていたに違いありません。

落ち着きのなさも個性

「不注意型」の人は想像力と独創性に富み、感受性も強いため、芸術的分野などで高い意識をもちます。他人と感動を共有する力もあり、仲間を作るのも得意。他人の話を聞いて譲歩するなど柔軟に対応する力もあり、芸術的分野に限らず、相手のニーズに合わせた企画やマーケティングも得意です。しかしその一方で情報整理が苦手なので、能力を充分に発揮するためには優秀なサポート役が必要でしょう。

移り気な気質は「不注意型」の特性で、幅広い分野に好奇心をもって挑戦し、創造力と独創性の源にしますが、落ち着きのなさもついてまわります。それでも、そこで得たものを仕事で発揮して大成するのも特長。なお、「人生での迷子」や「寄り道」は多く、いわゆる「大器晩成型」です。

「中途半端」になりがちなのも特性

移り気な気質の影響は、中途半端になりがちという欠点として表れることも。**整理整頓が苦手**なのも、何かを見つけると気を奪われて、ひとつの片づけが終わらないうちに別のことを始めてしまうためですが、それもまた生まれもった個性でしょう。ただ、ひどくなると、物が捨てられずに溜め込んでしまい〝ごみ屋敷〟をつくりかねません。

対策としては「物を増やさないこと」「目に見える範囲にできるだけ物を置かないこと」や「整理整頓が得意な人との共同生活で手伝ってもらうこと」でしょう。

気が散りやすい気質のため作業ミスも少なくありません。周囲に情報が多いと混乱したり疲れたりしがちです。たとえば、友人としゃべっていて目の前の電柱に気づかず、ぶつかってしまうなど、何かに気を取られると、ほかのことが目に入らなくなるといったことも生じます。

さらに、料理のように段取りが必要な作業は苦手で、時間がかかったり、予想外のできごとに頭が真っ白になり、パニックに陥《おちい》ったりします。必要な食材を買い忘れたり、買ったことを忘れて同じ物を買ってしまったり、財布を置き忘れたり落としたり……。

そうしたことが重なると、ストレスで衝動的に買い物をしたり過食に走ったりというような状況の悪化も。その結果、貯金が次第に減り、将来への不安を増大させ、さらに気が散りやすくなるといった悪循環も招きかねません。ふたつのことが同時にできないのは、気が散りやすいのとそもそも忘れっぽいことも影響します。

そのため、こうした不注意型の人と接する際には、**一度に多くの指示をせず、ひとつずつ指示**を出し、終了の報告を受けてから、次の指示を出すといった方法が効果的です。また、ひどい時は話を聞きながらメモを取るような並行作業も苦手なので、話が終わったあとに、メモをまとめる時間を作るなどの工夫も有効です。

頼まれると断れないタイプ

「アンパンマン」の作者**やなせたかし**も多彩な才能をもち、マルチに活躍した一人です。製薬会社、新聞社、デパートなど、いろいろな職場で働きましたが、どこでも「仕事を頼まれると断れない性格」でした。東宝スターの宮城まり子からは初リサイタルの構成、放送作家の永六輔からはミュージカルの舞台装置など、それまでにやったことのない仕事でも依頼されると断りません。

テレビのクイズ番組の司会やラジオドラマの台本なども依頼されれば引き受けます。そのおかげで、広い分野で経験を積み、能力を育むことができました。ただし、心の中でのつぶやきは「そもそも、僕は漫画家だし……」だったそうです。

何でもソツなくこなす一方で、気持ちは複雑、じつは劣等感の塊《かたまり》だったそうで「振り返れば、若い頃というよりは、なんと50歳ぐらいまで僕は、失意と絶望の連続でした。ずっと何十年もの間『自分は何をやっても中途半端で二流』と思い続けていました」といいます。しかし、**頼まれたら断らず、中途半端でもとりあえずチャレンジ**してさまざまな経験の機会を得た「不注意型」の才能のおかげで、私たちはアンパン顔のヒーローに出会うことができているのです。

葛飾北斎（1760-1849年）
江戸時代後期の浮世絵師で、生まれ年には諸説あり。人間のしぐさや役者、力士といった人物、富士山や橋などの風景、花や鳥、建物のほか、波や雨などの自然現象に至るまで、多くの作品を発表した。2024年に発行された千円紙幣の裏には『富嶽三十六景』の「神奈川沖浪裏」がデザインされている。

柔軟な対応で核戦争の危機を回避

ジョン・F・ケネディ

内緒でこっそり食べるのも柔軟さ

米国の第35代大統領で、現在も人気の高いジョン・F・ケネディ。1962年のキューバ危機の際に手腕を発揮し、核戦争を回避した彼は**「柔軟な対応」ができる偉人の一人**でしょう。

彼の父親は「うちには陰気な子はいらない、負け犬はいらない。泣き虫はいらない」「二位や三位にはなるな」と、スポ

ーツでも何でも、勝利者、リーダーになることを9人の子どもに求めました。厳格な母親は、家族が集まる食事の時間を守ることを重視。皆が一堂に会する食卓で会話をしながら、ものを考える力と議論する力を育もうとしたのでしょう。

「食事の時間に遅れると料理の品数を減らされる」という約束があり、しばしば遅れたのが次男のジョン。品数が減れば、お腹いっぱいになりません。空腹の彼は、台所に忍び込み、お手伝いさんにお願いしてこっそり食べさせてもらっていました。母親はそれを知りながらも黙認していたそうです。

成長したケネディの演説は多くの国民

ジョン・F・ケネディ

危機回避タイプ（不注意型）

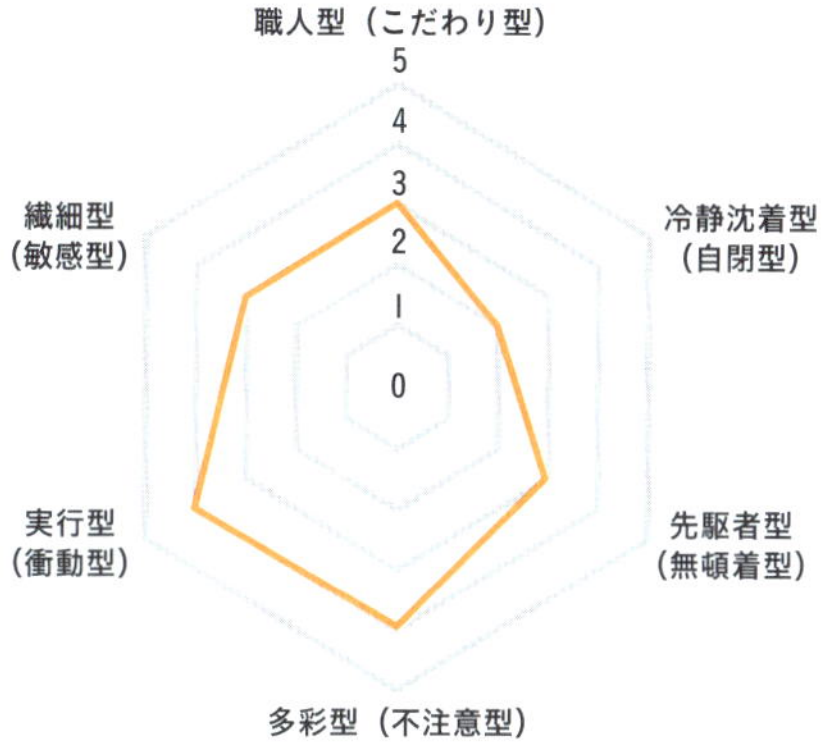

ADHD傾向臨機応変型

時間に遅れるなど、計画行動が苦手ではあるが、いざ困難に直面すると柔軟に打開策を模索できるタイプ。困難を力強く乗り越えていく様子は周囲の支持を得てリーダーシップも発揮できる。

からの共感を得ることができ、「不注意型」の才能である柔軟な発想で国政を牽引《けんいん》。それを育んだのは、**規則一辺倒にならず、台所への忍び込みを黙認した母の柔軟性**にほかなりません。

アドリブが利く強み

「不注意型」は臨機応変な行動が得意で「アドリブが利く」強みをもっています。身のまわりの小さなトラブルのみならず、災害や戦争のような一大事が起きても、予想さえしなかった困難に見舞われても、底力を発揮します。また、イヤなことをすぐに忘れられる切り替え上手ですが、大切なことをうっかり忘れてしまうことも。それでも「愛嬌」のレベルで済んだり、失敗をリカバリーできたりします。

ポジティブな気持ちをもち続けられる良さは、精神的な安定感とともに、困難にくじけない強さを後押しします。リーダーシップがあり、他人から頼られることも多く、人当たりの良さも手伝って多くの人から慕われます。演説や話術の才能を磨くと、政治家や経営者として成功することも少なくありません。

約束に遅れてもなんとかなる？

一方で、計画通りに行動するのが苦手という一面もあります。予定を失念しやすく、遅刻したり、すっぽかしたり、また飽きっぽく、その日その時の気分で行動しがちです。「今、これをすれば、次の行動は何時からスタートできる」といった時間のやりくりも不得意。自分では「5分でできる」と思っても、実際は30分以上かかったり、優先順位をつけるのが苦手で予定が大幅に狂ったりします。

周囲の人は、遅刻でも忘れ物でも、**あたたかい目で見守り、本人なりの工夫を受け入れてあげる寛容さをもつことが大切**です。それが、本人のチャレンジ精神や柔軟な行動力を育みます。

ジョン・F・ケネディ（1917-1963年）
米国第35代大統領。9人兄弟の次男として育つ。幼少時代から成績優秀・スポーツ万能の兄に対して劣等感をもっていたと伝えられているが、大学卒業時には優秀な成績を残している。米国史上、選挙で選ばれた大統領としてはもっとも若い43歳で就任しているが、テキサス州ダラスで凶弾に倒れた。

鋭い直感力をもつ料理人

陳建民

材料を見ただけで料理が浮かぶ

「麻婆豆腐《マーボーどうふ》」「担々麺《たんたんめん》」などの四川料理を日本に広めた**陳建民《ちんけんみん》は、料理に対する類いまれな直感力をもった一人**です。

3歳で父が他界し、母とも別れて10歳から中華料理店に住み込みで働き始めますが、先輩に雑用ばかりやらされ、料理をまったく教えてもらえません。

そこで彼は、先輩にタバコを渡すなど

して機嫌をとり、料理を習います。

また、仕事よりも遊びが好きな先輩から、料理を代わりにつくるように命じられると断らず、「任せてください」と必ず料理に取り組みました。

20歳で結婚し、娘が生まれたものの「家庭生活」とは縁がなかったせいか、仕事が多忙だったためか、なかなか家に帰らず、生後3日の娘に会っただけで妻と別れます。

その娘と再会したのは40年後、彼女が来日した折の話です。

「私はね、初めて見る材料でも、見るだけでどう料理したらいいか、見当がつく。天が与えてくれた才能。その代わり、ほ

陳建民

一芸突出タイプ（不注意型）

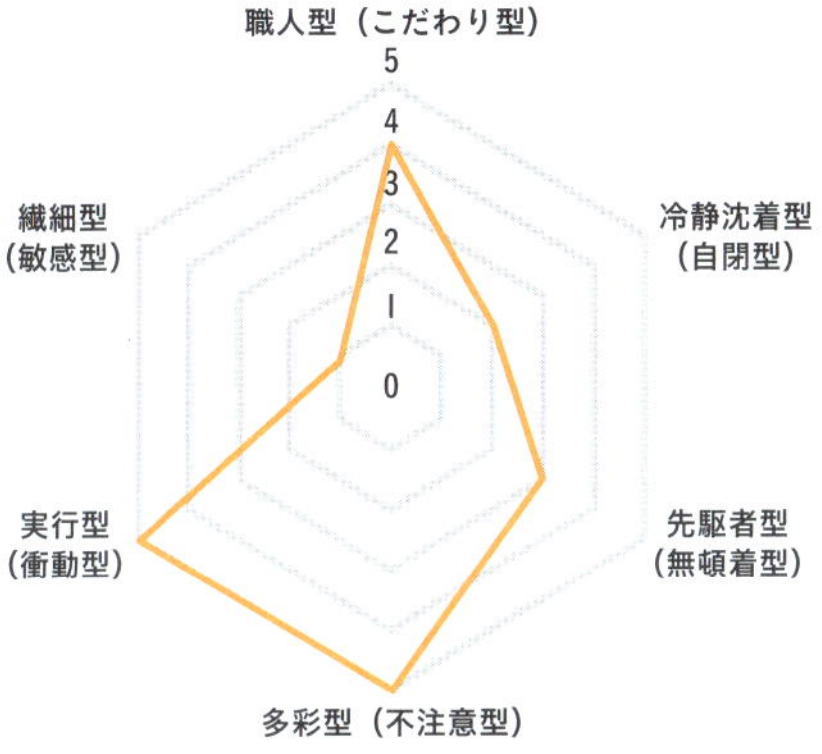

ADHD傾向不器用型

不器用さのため、得意と苦手の差が激しくおっちょこちょいだが、憎めない愛嬌ももつ。その場しのぎの行動で行き詰まることもあるが、なんとかしていく忍耐力と前向きな気持ちも兼ね備える。秀でる面を伸ばすと人には真似のできない唯一無二の存在になることができる。

かのことは何もできない。自転車に乗れない。電車の切符も買えない。缶切りも使えない」

これは、料理以外はとても不器用だった彼の言葉です。

このように、苦手の多い「不注意型」ですが、どんなに苦手がたくさんあっても大丈夫です。**得意や好きがひとつでもあれば人生は潤う**のですから。絶品の麻婆豆腐と担々麺を私たちに食べさせてくれた彼のように。

本人の気持ちを肯定的に受け止める

「こだわり型」や「無頓着型」がもつ鈍感さとは異なり「不注意型」の人は繊細で謙虚です。苦手意識を人一倍強くもつ傾向がある一方で、他人に優しくなれます。

協調性があり、苦労した分だけ他人の痛みがわかり、他人にも自分にも大らかでいられる良さが特長ですが、苦手意識に対する敏感さから劣等感を抱えがち。不注意から失敗を繰り返したり、ミスが多くて叱られたりすることも少なくありません。

また、計画性に欠けるため、仕事の予定を詰め込みすぎてキャパオーバーから体調をくずしたり、見通しがききづらく、お金にいいかげんで平気で借金をしたり、満腹がわかりづらく食事に気を使わず太ったり痩せたりもしがち。

学校や職場での不適合、意思疎通の苦手意識などが加わると、劣等感に拍車がかかり、行動が萎縮して意欲も下がります。感情やエネルギーの切り替えが追いつかず疲れを溜めやすいという特徴もあります。

家族が将来を案じてアドバイスを繰り返すようなことも起きますが、アドバイスには裏のニュアンスとして「今のままじゃダメだからこうしなさい」といった現状否定のニュアンスが強く、本人の自己肯定感を低下させやすいので**苦手意識の強い「不注意型」の子どもに対してアドバイスを繰り返すことは控えるべき**です。

むしろ失敗も含め、ありのままを受け入れるのが得策です。忘れ物も失《な》くし物も、散らかし放題も、遅刻も、ドタキャンも、すべてそれを前提として考えましょう。

翌日の学校の準備や整理整頓は手伝ってあげて、失くしたものは補充したり、失くさないように紐をつけたり、時間どおりに来なくても怒らず待ってあげるのです。

どんな努力も実を結ばないことを経験から知っている本人の切実な思いを理解し、受け入れることが「不注意型」の才能を伸ばすポイントです。

自分の過ちは反省、怒りは制御

「私自身の記憶では、私は自分に能力があるとは思っていなかった」と言ったのは「無頓着型」で取り上げた**マハトマ・ガンジー**。彼にも「不注意型」の特性がありました。

インド独立の父でありながら、ものを憶えるのは苦手、人前で話す時には膝がふるえて頭が真っ白になり、船旅に出れば船室に引きこもって他人と会わないようにしていたようです。

戒律で禁じられた肉を食べてしまうと、大いに後悔して、その後の人生を菜食主義で通しました。好奇心からタバコを試そうとして他人の財布から金を盗んだ時は深く反省しています。

ガンジーは言っています。

「私は過《あやま》てる人を見ると、自分も過ちを犯してきたことを考える」

また、怒りを制御するためには「人は自分自身の誤りは凸《とつ》レンズをつけて見、そして、他人のそれには凹《おう》レンズをつけて見よ」と訴えます。

さらに「怒りから迷妄《めいもう》が生まれ、迷妄から判断力の混乱がおこる。判断力の混乱によって理性の喪失があり、理性の喪失によって人は滅びる」とも述べています。

不注意型は自己観察能力に優れ、自分自身のことをよく知っているのも特徴です。不注意による失敗も謙虚に反省してリカバリーするのが「不注意型」。こうした前向きさと大らかさをもったガンジーに導かれ、インドは非暴力での独立を果たしたのです。

「自分は一流ではない」という脚本家

周囲の人が驚くほど謙虚で、虚栄心を抑え、現状に甘んじることによって劣等感につぶされることなく才能を花開かせたのは脚本家の**橋田壽賀子**《はしだすがこ》です。

彼女は他人から一流の脚本家と称賛されると、

「私は一流じゃない。一流というのは、向田邦子さんや山田太一さん、倉本聰《くらもとそう》さんらのことをいうんです」

と言っていました。

長年続いたドラマ「渡る世間は鬼ばかり」をはじめ、数多くのテレビドラマの脚本を手がけながらも自分のことを「二流」と謙遜していたのです。

18歳で、学者を志して東京大学を目指しますが、残念ながら受からず、別の大学で演劇を学びます。その後、映画会社に入りますが、女性の少なかった時代、しかも競争の激しい業界です。映画の脚本の助手など下積みの苦労を経験しました。

彼女は「自分は二流」と謙遜する理由について、「二流だと追い抜かれる恐怖に怯《おび》えることもない。他人の批評も気にならない」と話しています。彼女は**「謙虚さにより才能が伸びる」**という、競争しないほうがよい「みずからの特性」を理解していたのです。

なお、女性の不注意型と衝動型は、目立たず気付かれにくいため、自分はダメで怠けているだけなどと落ち込み、つらい気持ちを抱えている人が思いのほか多く、特段の配慮が必要です。

陳建民（1919-1990年）
回鍋肉にキャベツを入れたり、エビチリソースにケチャップを使ったりと、独自のアレンジをほどこした中華料理で日本人の舌を魅了し「日本における四川料理の父」と呼ばれた。「師匠の仕事を盗み見て憶える中華料理」から離れ、レシピの公開や料理学院の設立などで中国料理を広く普及させたことでも知られる。

第4章

気遣いがすごい「敏感型」の才能

ここがすごい!

敏感型

周囲の人たちを魅了する力は鋭い感性という天賦《てんぷ》の才の賜物《たまもの》

マリリン・モンローといえば、全米どころか世界中を魅了したスター。彼女は外見だけでなく、感性が鋭く、他人の気持ちがわかるという天賦の才をもっていたことも人気の秘密でしょう。「敏感型」には強い感受性があり、激しい感情の変化も伴いますが、それだけ高感度のアンテナを備えているともいえます。米国大統領のリンカンもそうでした。

文学や音楽、ファッションといった表現の世界で活躍する人も多く、デザイナーのココ・シャネルもその一人。責任感が強く、義理堅い傾向もあり、出会いを大切にします。喧嘩をしても、うまく仲直りができるのも特長ですが、幼少期のつらい経験から生きづらさを抱えていることも。傷つきやすさから楽しい会話の中でも自分自身のことについては、はぐらかすようなことがあります。

敏感型の才能を生かすには、一にも二にも優しく接して「大事にされている」と情緒を安定させてあげることです。

世界的スター
マリリンモンロー
感性が鋭く
他人の気持ちがわかる
敏感型です
出会いを大切にし、
ゴメンね
ケンカしても
仲直りが上手
幼少期のつらい
経験から
生きづらさを
抱えていることも
一にも二にも
やさしく接して
あげましょう
第二の
リンカンに
育つかも・・・

全米を魅了したスター

マリリン・モンロー

華やかさと儚《はかな》さをまとった女優

マリリン・モンローは人を魅了する天賦の才のもち主で〝グラマラスな女性が美しい〟とされていた時代を代表する女優ですが、魅力はその外見に留まりません。

おバカな金髪娘の役を演じる一方で「映画を芸術」として演じたいと思っていた彼女は「私のようなアーティストが自分に誠実であろうとすると、狂気の淵《ふち》に

立っているかのように感じることがあるの。一番の真実の部分を表に出そうとすることは、とても難しいことだわ」と言っています。彼女は芝居を学ぶため、29歳の時、活動の拠点をハリウッドからニューヨークに移しています。

　つらい孤児院から逃れるために、16歳で望まない結婚をして工場で働いていた20歳の茶髪の主婦。モデルになるため髪を金髪に染め、離婚して、映画女優となるものの、平穏な安らぎは長く続きません。メジャーリーガーと再婚しても破局、大統領との浮名を流し……やがて睡眠薬が手放せなくなります。

　10年間に30本の映画を残した彼女が、

マリリン・モンロー

エンタ－テイナータイプ（敏感型）

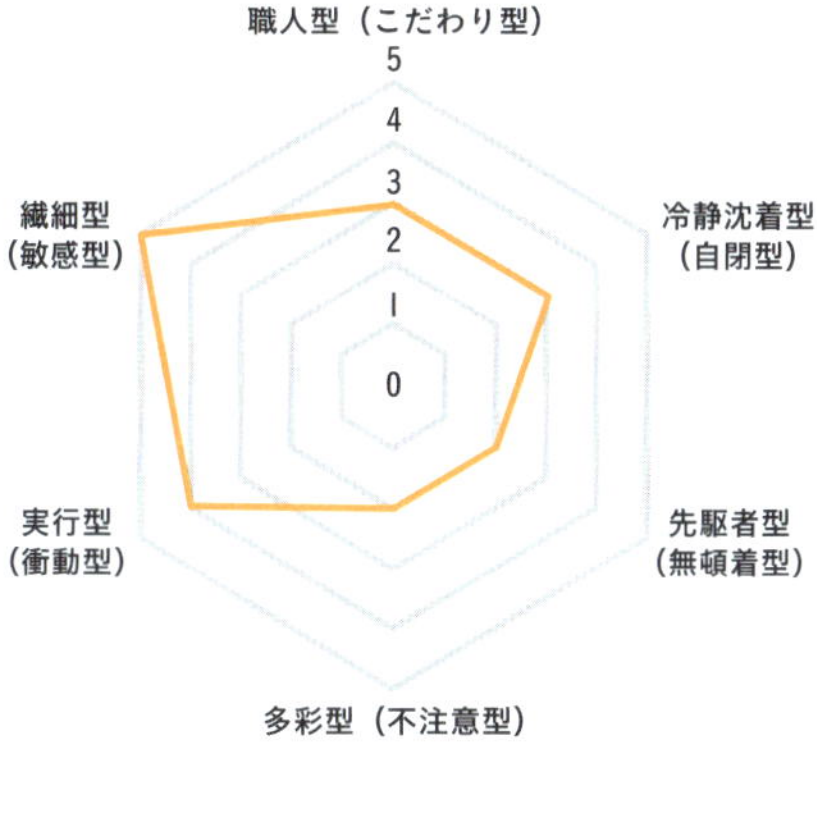

HSP傾向魅力型

衝動性をもち合わせて情緒不安定なところがあるが、感受性が人一倍強く、他人を惹きつけ楽しませる魅力と思いやりがある。繊細型と実行型の才能が突出している。何らかの表現能力を身につけると才能を発揮しやすく、時代をリードするファッションリーダーや音楽家などに多い。

最後に人前に姿を現したのは野球の始球式で、36歳の誕生日でした。その2か月後「ベッドの上で一人ぼっちで死んだ」とのニュースが世界中を駆け巡りました。

魅力を育んだ安らぎの日々

彼女の人生にいちばんの安らぎをもたらし、その魅力的な感性を育んだのは、思春期に一緒に過ごした、血のつながらないアナおばさんとの平穏な日々だったかもしれません。

孤児院を一旦出た11歳のマリリンは、母の親友のおばである60代の独身女性であるアナと暮らすことになります。アナは優しく、包容力のある女性でした。ある時、中学生のマリリンは、同級生から粗末な服装をけなされて泣きながら家に帰ります。すると、アナは彼女を抱きしめて言いました。

「本当に大切なのは、あなたがどんな人間なのか、ということ。だから心配しないで」

こうした**あるがままを肯定的に受け入れ、安心感を与える接し方が、敏感型のつらさを癒し、情緒を安定させ、良さを伸ばす**のです。

感性の鋭い幼い子ども

抱っこされている子どもは、母親のいらだちや悲しみを敏感に感じ取り、感情を変化させて泣いたりぐずったりします。逆に、母親の心が安定していれば、子どもは安心します。また、両親が仲違《なかたが》いをすれば、言葉がわからなくても心を痛めます。

成長しても、強い感受性や激しい感情の変化を失わないのが「敏感型の天賦の才」をもつ人です。彼らのアンテナは高感度で**「他人の気持ちがよくわかる」**のです。

その才能を、言葉や漫画、音楽、ファッションといった「表現の世界」で発揮すると、多くの人を惹きつけたり、人の心を強くゆさぶったりする作品をつくりあげます。

幼少期に感情のアンテナを使うほどに繊細な性格に

彼らの感情のアンテナは、使えば使うほど敏感になります。とくに幼少期や思春期に、周りの人の感情の変化に対する備えを強《し》いられるようなつらく不安定な環境におかれたり、精神的な束縛を受けたりすると、さらに強められます。他人の感情に影響されやすいため、繊細《せんさい》で傷つきやすく、一定の従順さをもつ半面、本音では**人から命令されることを嫌い、お行儀のよさを敬遠したり、一見、頑固さに思える強がりを見せたりする**こともあります。そうすることで、影響されやすい自分を守っているのですが、同様の理由で、精神的な束縛から逃れることや自由・自立を切望するのです。

じつは、こうした人が言語による表現能力をもつと、楽しい話で他人を惹きつける才能を発揮します。しかし、感情調整や自己開示が苦手で、思い出したくない過去や現実からは逃避しようとします。そのため、こうした特性をもつ人が自分自身についての話すと、その内容が相手によって変わることも珍しくありません。周囲の人は、話の食い違いに混乱させられることもあります。

父を同志と理解した娘

昭和のテレビ全盛期に、ドラマ「寺内貫太郎一家」「阿修羅のごとく」などを手がけた脚本家の**向田邦子**《むこうだくにこ》は、思春期に暴君のような父親のふるまいに反感を覚えます。

彼女の父親は癇癪もちで口うるさく、従順で時折しくじる妻を「お前はまったく馬鹿だ」と口汚くののしり、向田の祖母、つまり父親の母にも八つ当たりします。家族に対するゲンコツや小言も絶えません。

ところが、あるとき彼女の思いに変化が生じます。祖母が亡くなり、父親の勤める会社の社長が突然弔問に訪れると、玄関に飛んで出た父親が、床に手をついて平伏しています。その姿を見て、背中からにじみ出る父親の苦労を感じ取ったのです。

父親は、家庭の事情で、小学校を卒業後、雑用係として会社に入り、夜間学校に通うなど人一倍の努力をして、会社の幹部にまで上りつめた苦労人でした。

「父は、この姿で闘ってきたのだ」とわかった彼女にとって、父親はもはや家庭の支配者ではなく、家族をともに支える同志となったのです。

どなりながらも、父なりに母を愛していたことにも気づきます。「暗い不幸な生い立ち、ひがみっぽい性格で、人の長所を見る前に欠点が目につく父にとって、母は緩衝《かんしょう》材《ざい》役になっていたのではないだろうか」とも思うのです。

「お母さんに当たれば、その分、会社の人が叱られずにすむからね」とは、その母の言葉です。

恋物語の真相は藪の中

向田邦子は、頭の回転が速く、人を引き込む話術に長《た》けていましたが、人と親密になるのは苦手でした。幼少期から高等女学校時代まで転校を繰り返し、新しい友だちと仲良くなれても、また別れることになるという経験の影響かもしれません。

お酒好きで、どれほど飲んでも悪酔いはせず、ある友人は「噂話、打ち明け話を好まず、自身のプライバシーを語るのがことのほか嫌いでした」と話します。

また、友人たちが口をそろえて言うのは「彼女の恋はとても謎めいていた」ということ。

たとえば、恋人の職業を尋ねられると、向田の答えは映画関係者やカメラマン、ビオラ奏者などさまざま。それでいて**「身ぶり手ぶりよろしく、とても魅力的に『恋物語』を披露してくれるんですが、聞く人によって内容がかなり違う**んです」とも。

みんなの話をすり合わせても、相手の男性像はボヤけたまま。悲しい恋の結末も、ある人は男性が病死したと聞き、別の人は事故死と聞かされたようで、つまりは「真相はよくわからない」ということ。

向田邦子が出版社に勤めていた時代からの友人は、彼女を「天性の劇作家」と呼び、その言葉はすべて「虚実の皮膜を通して語られた」と表現しています。

敏感型は相手の気持ちになり面白おかしく話ができる一方で、傷つくことへの恐れや防御反応としての記憶の曖昧さなどから、つらかった時期の自分の記憶を他人に伝えるのは苦手です。

時にはありもしない話をしがちですが、本人を傷つけないためにも、軽く聞き流してあげる心の余裕が、周囲には求められます。

この特性は、次に紹介するココ・シャネルも同様で、孤児院時代の思い出は、話す相手により二転三転し、どれが真実かわからない部分も多くあります。

マリリン・モンロー（1926－1962年）
女優、モデル、歌手として全世界を魅了。1950年代に「アメリカのセックス・シンボル」と呼ばれた一方で、映画「バス停留所」での演技が称賛されるなど、俳優としての力を備える努力も惜しまなかった。繊細で、人の気持ちがよくわかり、自然に寄り添うことができるのも魅力のひとつと伝えられている。

心優しきデザイナー

ココ（ガブリエル）・シャネル

つらい気持ちが生んだ自尊心

「シャネル」ブランドの創業者ココ（ガブリエル）・シャネルは、無頓着型でありながら、**他人のつらさに敏感で、相手の気持ちがよくわかる人**でもありました。

12歳で母親が亡くなると、父親はシャネルを修道院の一角の孤児院に預け、どこかに行ってしまいます。帰りを待ち続けた彼女の前に父が現れることはありま

せんでした。

のちに「いまでもなお、小さな女の子たちのいる孤児院に行き『あの子たちは、孤児です』という言葉を聞くたびに涙が出る」と語るほど、孤児院での生活は彼女にとって悲惨なものでした。

簡素なモノトーンの制服を着せられ、厳しい戒律に従わされておくる不自由な生活……そこでは、これまでの優しい母との生活では想像しなかったような屈辱的な扱いを受けることも少なくありませんでした。

しかし彼女は、つらい気持ちを必死に隠すことで紛《まぎ》らわそうとします。

誰かに心配されても強がりを言い、反

ココ（ガブリエル）・シャネル

繊細奇抜タイプ（敏感型）

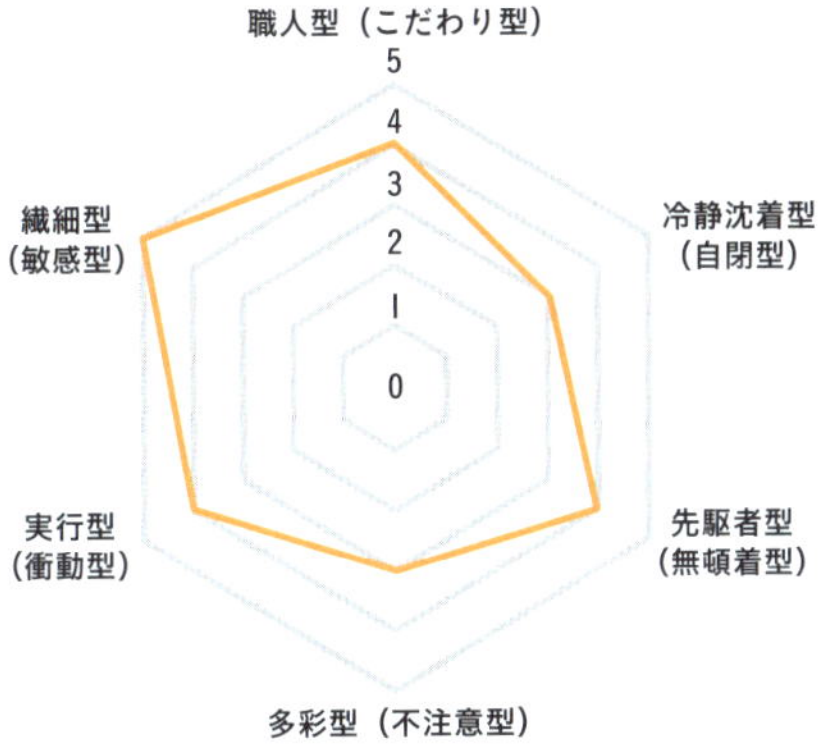

HSP傾向＋ASD＜ADHD

圧倒的な好奇心と実行力をもつ。感受性に優れるが影響されやすさを防御するため、周囲からは一見傲慢と誤解されがちな無頓着さを併せもつ。一方で、それらの特性により、人が思いもよらないものを作り出し、新たな流行を作り出す原動力ともなる。あらゆる分野のパイオニアに多いタイプ。

抗的な態度をとることで、自分自身の誇りを守ったのです。それは彼女の「自尊心が私を救ってくれた」という言葉に象徴されているでしょう。

自分だけでなく他人も自由に

孤児院での生活から逃れると「お金持ちになりたい」「かけがえのない存在になりたい」と彼女は考えます。

歌手を目指しますが、挫折したのち、貴族の恋人となり、裕福で堕落した生活を経験。しかし、それもまた不自由な生活だったようです。

彼女は、自分の手でお金を稼ごうと貴族相手の帽子店を始めて成功すると、当時は喪服でしか使われなかった黒い色や、下着でしか使われなかったジャージ素材、男性用だったシャツなどを初めて女性のファッションに取り入れて世に出します。

最初は奇異の目で見られましたが、シャネルは気にしません。その後「シャネル」の洋服の着心地の良さが認められるようになり、やがては大流行となったのです。

洋服だけではなく、女性は長い髪が当たり前の時代、シャネルが髪をショートにすると、女性たちはこぞって髪を切りました。
「ショートヘアが流行《はや》ったんじゃない。私が流行ったのよ」
とは、無頓着の気質をもち「かけがえのない存在になりたい」と願った彼女の言葉です。

裕福になると彼女は「お金はものを買うために使うものではない。自由のために使うもの」と考えるようになります。その「自由」については「誰からも指図《さしず》されない自由、好きなところに出入りできる自由、刺激的な人とだけつき合う自由、つまり『したいことをしたいようにする』ための自由です」と言っています。

シャネルは「男性を喜ばせる服ではなく、女性が仕事や家事で動きやすい服」をつくったことで、女性から圧倒的な支持を受けます。「洋服」だけに留まらず「社会から束縛された女性たちの自立による自由」もデザインしたのです。

人から否定されない生き方を

「かけがえのない存在になりたい」と、大胆な挑戦をし続けたシャネルを、周囲の人は「傲慢《ごうまん》である」と非難しましたが、友人の英国首相チャーチルは、そうしたシャネルの気質を「大胆である」と称賛します。こうした**理解者による「否定ではなく良さを肯定するような接し方」が敏感型の良さを伸ばします**。

彼女は、「傲慢」は人から影響されやすい自分にとって、成功の鍵だとして、こう話します。

「『傲慢』でいることとは、ごまかしを捨て去ること。ときには謙虚でいるよりもずっと、自分に厳しくあることを強いられるのです」

敏感型の才能をもつ人の特徴として、責任感が強く、義理堅い傾向があり、受けた恩は一生忘れないというものがあります。その特性をより伸ばすためには**「人から否定されずに、優しく大事に接してもらうこと」**で、そうした経験が、他人への優しさを育むのです。

シャネルは、出会いを大切にしました。画家のピカソとつき合うなど、恋愛遍歴でも知られますが、別れたあとも仲違《なかたが》いはせず、生涯の友であり続け、デザインのアイディアを得たりもしました。そんな彼女は敏感型の独特の感性をこう表現します。

「男とは『ノン』と言ってから本当の友だちになれるもの」

愛情あふれる一冊のノート

シャネルには「こだわり型」の一面もありました。彼女が花を選ぶ時は、必ず「白いカメリア」で、ブランド・ロゴにも使われているほどです。

「彼こそ、私が愛した、ただ一人の男よ」

とは、シャネルに自由と成功の扉を開かせてくれた恋人のカペルのこと。

当時の女性としては斬新で挑戦的なシャネルのすべてを受け入れたカペルは、おすすめの詩や哲学を書き込んだ一冊のノートを彼女に渡します。その冒頭には「孤独を恐れていながら、人づき合いを嫌う君の孤独を癒《いや》すために書きました」とありました。

カペルからの愛情あふれるノートでの助言をもとに、孤独を癒したシャネルは、おそるおそる社交界にも進出し、そこで交流した人たちからアイディアを得て活躍します。彼女の成功には、このノートとカペルの存在が欠かせないものだったのです。

スイス・ローザンヌにあるシャネルのお墓には彼女の遺言から白い花が一面に植えられています。それはカペルが生前好きだった、そして、いつもシャネルに贈っていたカメリアの花でした。

喧嘩しても最後は仲直り

不滅のロック・バンド、ザ・ビートルズのジョン・レノンも、出会いを大切にした一人です。両親の愛を知らずに育ちましたが、10代から始めたバンド活動はあっという間に世界を席巻《せっけん》。しかし、心の空白は莫大なお金でも名声でも埋まりませんでした。その後、心の隙間を埋めようと試行錯誤の末に到達したのは、世界平和への取り組みと家族と暮らす穏やかな日々。**人々から「常識知らず」「世捨て人」と酷評されても、ジョンには関係ありません**でした。

音楽の方向性が合わずに、メンバーのポール・マッカートニーと喧嘩したり、妻のオノ・ヨーコと別居したりという時期もありますが、のちには、どちらとも仲直りしています。

40歳で亡くなる直前のインタビューで「人生のうちで2回、すばらしい選択をした。ポールとヨーコ。それはとてもよい選択だった」と話しています。

凶弾に倒れたジョンですが、彼がソロになってから残した「イマジン」は発表から50年以上の時を経ても、色褪せない名曲として多くの人に愛されています。

ラブレターのパイオニア

敏感型は一生懸命で不器用です。小説『変身』で知られる**フランツ・カフカ**もその一人。年に100通ものラブレターを5年もおくった恋人に、こう別れを告げます。「僕は君なしにはいられない。しかし、君とともにも生きられない」

そのわずか2年後、持病の悪化でこの世を去ります。恋愛までも一生懸命すぎて不安になってしまう。そうした繊細さともろさこそが「敏感型」の特徴で、多くの人の心を揺さぶる印象的な作品を世に送り出す原動力だったのです。

一生懸命で不器用なのは「幸せになることは、上手な女優になることと同じくらい難しい」と話し、3回の結婚と離婚を繰り返したマリリン・モンローも同様です。

ココ（ガブリエル）・シャネル（1883-1971年）
フランスのファッション・デザイナーで、世界有数のファッション・ブランド「シャネル」を興した女性。孤児院で育てられた経験も、その後の服飾・化粧品・香水・宝飾品などを生み出す原動力に。将来有望な芸術家に経済的援助をしたが「彼女からの援助であることを言わない」というのが条件だった。

妻には勝てなかった大政治家

エイブラハム・リンカン

結婚は地獄？

「奴隷解放宣言」で有名な米国第16代大統領のエイブラハム・リンカン。少女の助言で、トレードマークとなるひげを生やしたり、政策を状況や世論に応じて変えたりと、柔軟性をもつ彼は、他人を惹きつける一方で、周囲から言われたことに影響を受けやすい人でした。

その彼は、若い頃、婚約者が病気で亡

くなると、ひどく落ち込みます。

7年後、33歳の時、新たな恋人ができて婚約しますが、喧嘩と仲直りを繰り返しました。ようやく結婚式の日取りを決めますが、その当日、結婚式をすっぽかします。

その後、いろいろあって2年後に結婚しますが、結婚式に向かう朝、ある人から「どこに行くのか」と、尋ねられると「地獄だろうね、多分」と答えています。

結婚後、妻のどなり声は近所に響き渡り、ほうきで家を追い払われる姿が何度も目撃されたリンカン。

遅くまで仕事に没頭する日々のなかで、こう言います。

エイブラハム・リンカン

臨機応変調節タイプ（敏感型）

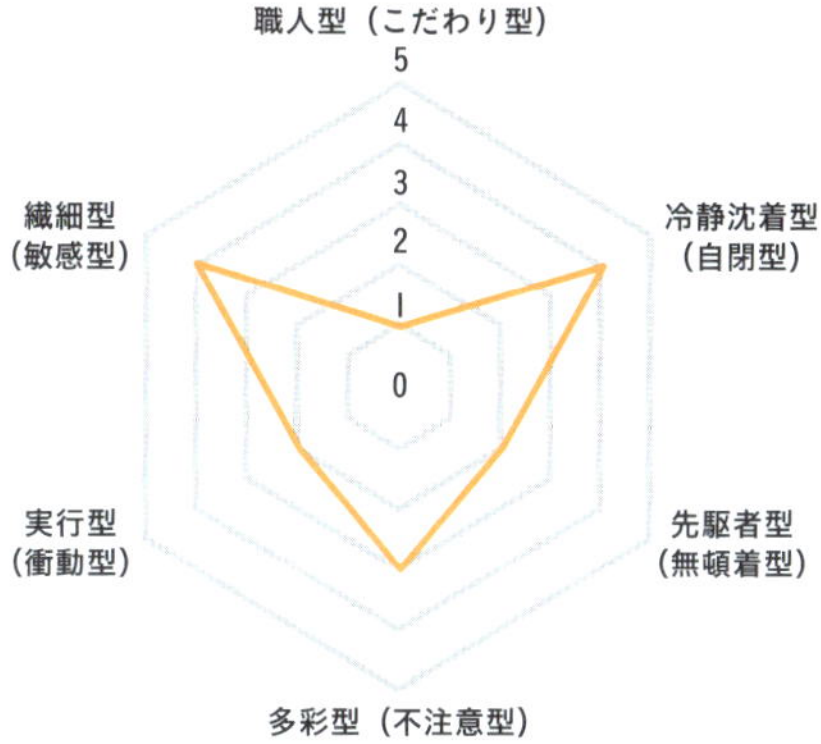

HSP傾向柔軟型

人の意見に流されやすいため、行動が二転三転するなど、優柔不断さも垣間見える。しかし柔軟性と協調性は強みであり、さらには調整能力を兼ね備え、正直で実直な性格でもあるため、組織の中で出世しやすいタイプ。弱者を解放する優しさをもつ一方で、権力者には尻に敷かれて苦労することも。

「家には帰りたくない」

　このように、人から影響されやすい敏感型は、行動が二転三転するのも特徴です。

自己肯定感の低さも特性

　他人の気持ちが手に取るように理解でき、性格が温和なため、悩みごとを打ち明けられたり、頼りにされたりする**敏感型は、刺激的な人に惹かれがち**ですが、共鳴した相手に不安定な感情をぶつけてしまい、その結果、傷つけ合うこともあります。そうした時には人なりペットなり、寛容で、どこか鈍感で安定的な他者との共同生活をおくることが心の安定につながります。

　子どもらしい純粋さをもつゆえに人を疑うことを知りませんが、それは危機回避能力の弱さでもあり、誤解されたり騙されたりするリスクが付きまといます。他人の言葉を字義通りに受け取ってしまい、それが皮肉であることに気がつかない場合もあります。

　自己肯定感の低さなどで心に傷を負い、また、引きずりがちな敏感型の才能をもつ人は、感情の起伏が激しい傾向にあります。ただ、表の感情と裏の本音は異なることが多く、怒りや焦《あせ》りの裏には、過去から引きずる寂しさや孤独に加え、他《た》の発達特性を併せもつことによる生きづらさや不安などが隠れています。

また、そもそも感情自体を押し殺している場合もあります。そのため、こうした**自己肯定感の低い敏感型の人と接するには、そうした裏に潜むつらさを理解し、ありのままを穏やかに受け入れる姿勢が大切**です。

間違っても、相手の怒りや悲しみに反応して、こちらも怒りや悲しみをぶつけてしまってはいけません。なぜなら、敏感な彼らの感情の起伏はさらに激しくなり、行動をエスカレートさせることになりかねないからです。

感情の変化の理由や自己肯定感の低さを理屈っぽく問い詰めたり、アドバイスを繰り返したりする対応も、火に油を注ぐがごとく自己肯定感の低さや情緒の不安定さを悪化させ、彼らを苦しめるので得策ではありません。

むしろ、相手の事情やつらさを理解し、共感し、将来のために何かをするのではなく、今の苦痛を取り除くために、黙って抱擁してあげるような対応が望まれます。マリリンを癒したアナおばさんのように。

一途で無謀なのも魅力のひとつ

思い込みが激しく、一途で無謀なのも「敏感型」の特性。フランスファッション界の象徴である女優の**ジェーン・バーキン**もそうした一人です。4回目の恋に落ちると、わずか1日で14年住んだ家の売却を決めます。しかし、相手の男性は同居を希望しませんでした。そこで彼女は、通りの向かいの家に引っ越してこう願います。

「あなたが重病にかかって、外との接触が私だけになればいいのに……」

理屈ではなく、感情と直感に委ねるやり方は、人の感情を揺さぶるような仕事を成し遂げる原動力となります。ただ、そうした生き方ゆえに、私生活も直感的になりがち。とはいえ、それもまた「敏感型」の魅力のひとつです。

エイブラハム・リンカン（1809–1865年）

「人民の、人民による、人民のための政治」というゲティスバーグの演説や「奴隷解放宣言」あるいは強いリーダーシップが評価されてか、米国で「最も偉大な大統領」の一人にあげられる第16代大統領。志半ばで「米国史上初の暗殺された大統領」になったことも影響しているかもしれない。

第5章

冷静沈着な思考がすごい「自閉型」の才能

ここがすごい!

自閉型

観察力と分析力に長《た》けた特性。本人を否定しないことがポイント

論理的思考に優れ、一人になって、ひとつのことに集中するのが得意な「自閉型」。完璧主義なだけに、ふたつのことを同時に進めることや他人とつき合うことが苦手です。

世間の煩《わずら》わしさから離れてしまえば、その力を存分に生かすことができますし、社会にあっても「国家のトップに立つ人は孤独である」といわれるようなポジションを任されると本領を発揮。さらに持ち前の観察力と分析力を駆使して国政を牽引《けんいん》します。英国の首相を務めたチャーチルやサッチャーも「自閉型」の特性のもち主です。

ただし、ストレスの苦痛から逃れようと逃避傾向があるのも特徴で、ロシアの文豪トルストイやフィンランドの児童文学作家トーベ・ヤンソンにも、その傾向が見受けられます。

周囲の人は「逃避を肯定するとともに、孤独の中の寂しさに寄り添うこと」で、彼らの天賦の才を伸ばすことができるのです。

一つのことは
得意です
描く
スゴイ!
ふたつ同時は
ニガテです
描く+会話
ねー、
明日さー
この自閉型は
世間の煩わしさ
から離れると
本領を
発揮します
ストレスの苦痛
から逃げるクセ
もあるので
否定しないように
しましょう
苦しい
ヤダ!!

凝り性で論理的思考の首相

ウィンストン・チャーチル

追い詰められても楽観的に思考

　第二次世界大戦で、ヒットラーのナチスドイツの侵略から世界を救った英国首相のウィンストン・チャーチル。

　自閉型の長所である「観察力」と「分析力」を生かしたチャーチルの綿密な作戦によってナチスドイツに勝利したことは間違いありません。

　少年時代は、おもちゃの兵隊で遊ぶの

に夢中で、学校の成績は振るいませんでした。

しかし彼は、**天賦《てんぷ》の才をふたつもっていました。ひとつはこだわり型の凝り性な性格、もうひとつは自閉型の論理的な思考**です。

大臣を失脚すると、別荘に閉じこもって絵ばかり描いていたので、絵画の腕前はかなりのものとなり、500点以上の作品を残しています。また、凝り性の性格から執筆活動にも勤しみ、73歳で出版した回顧録『第二次世界大戦』はベストセラーとなってノーベル文学賞を受賞しました。

気分転換に葉巻とお酒を愛したチャ

ウィンストン・チャーチル

頑固不屈タイプ（自閉型）

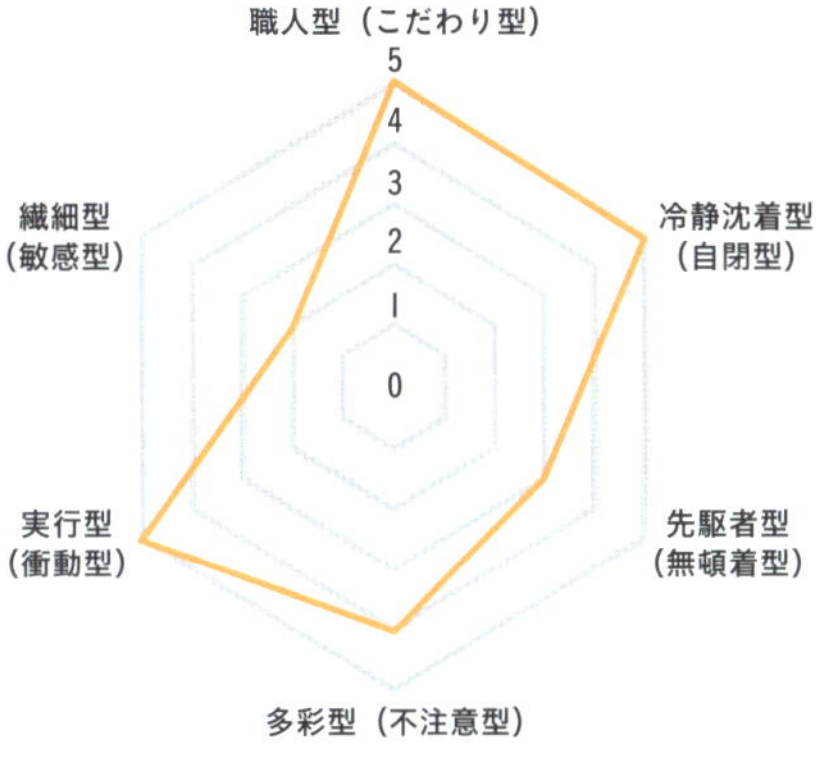

ASD傾向没頭型

人の指示に従うことは苦手だが、自分が選んだ道を切り開くバイタリティをもつ。さらに徹底的に自己研鑽に励む実直な忍耐力もある。少し理屈っぽい性格やせっかちさ、気難しさや強情さも垣間見えるが、困難に立ち向かう戦車のような強さは頼もしい。

ーチル。とくにお酒は、朝から飲むこともありました。

葉巻もお酒も「自閉型」が得意とするストレス回避の手立てだったのでしょう。

チャーチルは晩年、母校での演説で子どもたちにこう語ります。

「絶対に、絶対に、絶対に諦めてはならない」

他人に頼らずに自立するのも自閉型の特性です。

大人になっても「反抗期」

子どもは、成長とともに親への反発を覚え、口答えしてくるものです。3歳の第一次反抗期に加え、思春期には理屈っぽくなり、多少のへりくつをこねながら言い返してくる子どもに、親としては面食らうこともあります。しかし**「反抗期」は成長の過程で必要な精神発達の一環**です。

なかには、大人になっても理屈っぽい人がいますが、論理的思考を天賦の才としてもっているためでしょう。難しい学問や研究でさまざまな情報を整理し、筋道を立てて考えることができるので、普通の人では理解できないような難題を解いてしまうこともあります。ただし、日常生活でも理屈っぽさや口答えが目立ち、また、言わなくていいことまで口にしてしまい、周囲の人との関係を悪化させることも。チャーチルはある時、女性議員から「あなたは酔っていますね」と言われると「あなたは〝ぶさいく〟ですね」と言い返し、さらに「私の酔いは明日の朝には覚めますがね」と発言したこともあります。

こうした論理的思考を司《つかさど》る脳の部分が発達している人が「言い合いの勝ちパターン」を身に付けると、拍車がかかり、時として「変な理論を押し付ける厄介な人」になりかねません。

「ちぐはぐさ」の一方で、答えがひとつの分野では才能を発揮

部分的な論理は正しいにしても、そもそもの前提が間違っているケースもあり、結果として「ちぐはぐ」になることも少なくない「自閉型」は、他人の気持ちに鈍感で、相手の立場を理解せず、一方的に理屈を押し通して煙たがられることがあります。それがひどくなると、自己中心的になったり、クレーマーやストーカーになったりする

ということもあります。

世の中は論理だけで成り立っているわけではありません。論理だけの主張はどこかで破綻《はたん》していることも多く、また論じるばかりで行動が伴っていなければ、失敗するだけでなく、その失敗から何かを学ぶこともできません。

論理的な思考を司る左脳が、芸術や感情を司る右脳よりも優位に発達しているので、数学や物理学のように「答えがひとつ」という分野で、高い能力を発揮する傾向があります。しかし、**論理的な思考能力が高い分、他人の気持ちや感覚といった抽象的な、あるいは視覚化しにくい要素はとらえにくい**のも特性です。

「他者感情の曖昧《あいまい》さ」については論理的解説が有効

こうした他人の感情を直感的に理解しづらい自閉型の特性がある人は、自分の感情への理解も曖昧なため、あちこちで誤解が生じやすくなります。相手の意図がわからず、誤解からトラブルが生じるのです。こういう場合には、周囲の人が通訳のような役割でサポートするのがおすすめです。

みずからの怒りや嫌悪感の認知が乏しい人は、相手の怒りや嫌がっている感情にも鈍感です。同じことをされても自分は怒らないので、なぜ相手が怒っているのかわからないのです。

しかし、**感覚としては認知できない場合でも、論理的思考は優れているので、説明されると理解することはできます**。そのため「相手がこれを嫌がっているからやめたほうがいい」「こういう場面ではこういう発言は相手を傷つけるから言わないほうがいい」「ここまでは大丈夫」と教えてあげることが彼らの助けになります。じつは、言わなくても感覚でわかりそうなことがわからずに困っているのです。

誰かが理由を説明してあげることで、トラブルに陥《おちい》りがちであった対人関係がスムーズとなり、彼らの悩みの種が減り、良さが生きてくるでしょう。

ウィンストン・チャーチル（1874-1965年）
英国で軍人、政治家、さらには作家として活躍。学校の成績は振るわなかったものの、軍事教練、フェンシング、水泳は得意。また、詩を書くことで文才を磨いた。絵画を描くことや映画鑑賞が趣味で、読書家、愛猫家の一面ももつ。イングランドで最高勲章とされるガーター勲章、メリット勲章を受章している。

死の直前にストレスから逃れた文豪

レフ・トルストイ

逃げたいものは逃げたい

『戦争と平和』などの作品を残したロシアの文豪レフ・トルストイは「ぼくは醜《みにく》く、不器用、不潔で、社交界では田舎者だ。すぐ腹を立て、退屈な男で、恥ずかしがり屋だ」と、自分に批判的な冷たい目をもち続けました。自分の濃い眉毛が気に入らないと、眉に火薬をすり込み、火をつけたこともあります。一方で逃避

願望があり、56歳から何度も試みた家出を、82歳でようやく成功させます。

「私は君と離婚したい。とてもこんな生活はできない。パリかアメリカへ行く」と家を出ようとしますが、身《み》重《おも》の妻のことを思い、途中で引き返します。しかし、その後も家出願望そのものは消えません。

晩年は、理想的な社会のあり方を求め、全財産を放棄したい彼と、13人の子どもを抱え、生活のためにそれを阻止したい妻とのあいだで、考えの違いはさらに広がります。

ある深夜、日記に「昼夜を問わず、私の動き、言葉は妻に筒抜けで、彼女の監視下にいなければならない。それは、私

レフ・トルストイ

逃避創作者タイプ（自閉型）

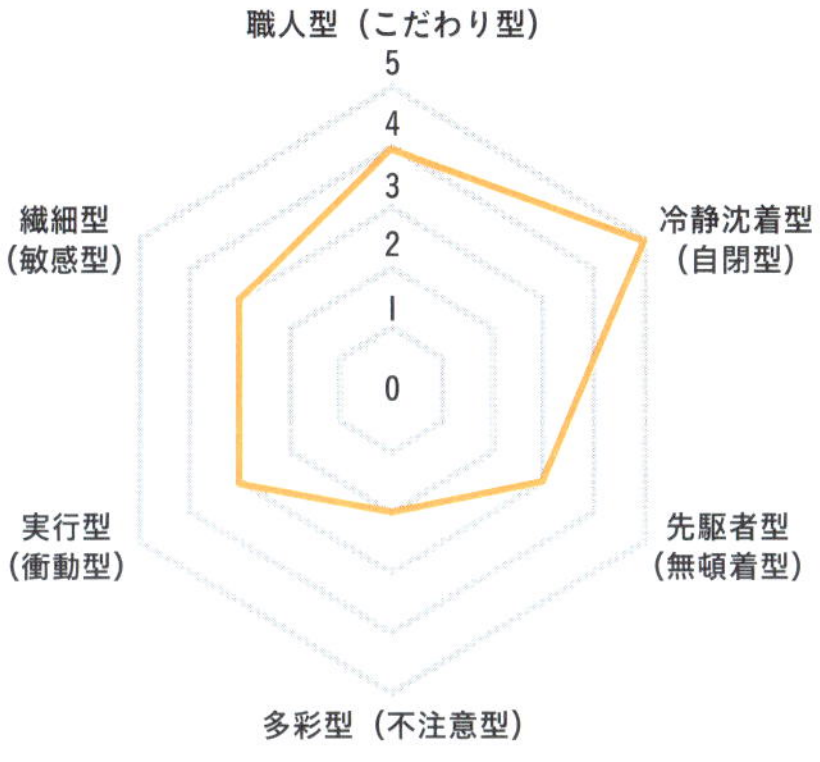

ASD傾向
＋軽度AHDH傾向

こだわりが強く類いまれな集中力をもち、アイディアを創作する半面、人づき合いが苦手。また、自他ともに厳しい視点を向けがちでストレスを感じやすい。依存しやすい一方、行き詰まると逃避傾向もある。冷静沈着型の突出した才能に実行型の才能やこだわり型なども併せもつ。

の中に、抑え難い、嫌悪と憤怒《ふんぬ》の情を呼び起こした。突然、家出の最後の決心をした」と書いて、家を出ます。

翌日の早朝、家出に成功したトルストイでしたが、その10日後、田舎の小さな駅にたどり着くと、駅長室で永遠の眠りにつきます。わずか10日間でしたが、その日々こそ、彼が束縛から逃れ、穏やかに過ごせた貴重なものであったのかもしれません。

家出は逃避行動の代表格

自閉型の人は、完璧主義で自分に厳しいストイックさをもつ一方、自分で蒔《ま》いた種からの問題も含め**ストレスから苦痛を感じやすく、逃れようとして、逃避行動をとりがち**です。好き嫌いが激しいというこだわり型の特性を兼ね備えると、その気質がさらに強化されます。このような、一度嫌いになると修正が困難になりやすい傾向が「婚姻関係」などで発揮されると「家出」などの逃避行動を起こしがちです。

繊細《せんさい》でストレスに弱い体質や強情で譲れない性格となると、逃避行動が唯一の解決策となってしまうのでしょう。嫌なことを忘れたいがために身体の防御反応がはたらき、記憶喪失となる場合もあります。夫の浮気をきっかけに家出をし、記憶喪失となったミステリー作家の**アガサ・クリスティ**や、決められた結婚が嫌で鉱山に逃げ込んだ南アフリカの人種隔離政策終焉の英雄**ネルソン・マンデラ**など、逃避行動をとった偉人は少なくありません。

たしかに、**いつの時代も〝逃げ場所〟は必要**です。ストレスに弱いという特徴をもった自閉型の人はなおさらです。大切なのは「束縛からの自由」で、**周囲の人が「逃げてもいい」と受け入れてあげること**が本人の助けになります。

さなぎの時期を大切に

人間みな思春期の「ひきこもり」が「さなぎの時代」として必要と言ったのは、心理学者の**河合隼雄**《かわいはやお》です。「外の世界と自分の中の世界があまりにも違いすぎる。拒否しちゃう。内ではすごい変わっているけど外では殻《から》を被っている。暴走族になったりしてむちゃくちゃ暴れる子もいる。同じこと、中で暴れている方を外に出しているか、中でしていて殻を被っているかの差ですもん」と、その意味を説明しています。

じつは、彼は数学者を目指して大学に入りながらも同級生と合わず、1年間大学を休んで家に引きこもっていた経験があります。当時、その様子をそっと見守ってくれた両親に感謝し「大切なのは守られていること。変に介入されたらさなぎの殻をつぶされてしまう」と話しています。

その後、彼はもう一回必死に勉強をしますが自分は学者になれるほどではないと思い、本当に意味のあることをしたいと、高校の先生になることを選びましたが、その時、兄から「生徒指導に役立つので心理学を勉強したらどうかな」と言われます。

さなぎの時期、そして、のちの留学などを経た彼は、日本の心理学の先駆者として精神医療の発展に尽力する「大きな蝶」になったのです。

引きこもるのも悪くない

緊張して不安になりやすく、群れたり媚《こ》びたりが苦手で、考え込みやすい**自閉型にとって、世間の煩わしさは過度な情報として疲れと混乱を招き、本人が望む集中や没頭を妨げがち**。そうなれば、居心地のよさを求め、自己防衛として世間と距離を取りたがるのも無理はありません。

たとえば偉人では、森の奥に小屋を建てて世捨て人のような生活をしたナチュラリストの**ヘンリー・デイビッド・ソロー**や、無人島で一年のうちの数か月を生活した『ムーミン』の作者である**トーベ・ヤンソン**などが好例。もちろんそこまではいかなくとも、自閉型が煩わしいつき合いや情報から孤立して、引きこもり生活をおくるのは道理にかなったことなのです。

ただし、孤立した寂しさから、時には一抹の不安を覚えることもあるでしょう。周囲の人は「変わり者」と思わず、本人のペースに合わせて細々とでも交流を続けてあげたいものです。ソローは言います。「一人になりたいときに一人になることができ、人の顔を見たいときにそうできることが大切なのだ」

レフ・トルストイ（1828-1910年）

『戦争と平和』『アンナ・カレーニナ』『復活』などが世界中で愛読されているロシアの文豪。学生時代は社交や遊興にふけったこともあり成績は伸び悩み、その後、農地経営に進出するも挫折。精神的にさまよった時期もあり、嫌なことから逃げ出したいという思いからは、生涯離れられなかった。

孤独に打ち勝った鉄の女

マーガレット・サッチャー

孤独から救った旧友

　英国のみならず、ヨーロッパおよび先進国で初の女性首相となり、保守的で強硬な政治姿勢から「鉄の女」とも呼ばれたマーガレット・サッチャーは「孤独に打ち勝つ」天賦《てんぷ》の才をもった偉人です。

　大学に入学したサッチャーでしたが、偶然再会した女学校時代の友人に「みんなよそよそしくて、私に敵意をもってい

るように感じるわ。私は決して溶け込むことができないと思う」と話します。生真面目なサッチャーに尊大《そんだい》な態度で接する大学の同級生も少なくなかったようです。

　のちにサッチャーは「あれは初めての経験でした。家にいたのでは、孤独がどんなものかは、けっしてわかりませんでした」と振り返っています。

　一人で散歩するほかは、部屋にこもりがちになっていたというサッチャーに、その友人は「そんなことないわ。あなたはホームシックにかかっているだけよ。私たち、できるだけ会うようにしましょう」と言ってくれたのです。

　その後は人に会う機会をつくろうとし

マーガレット・サッチャー

完璧鋼タイプ（自閉型）

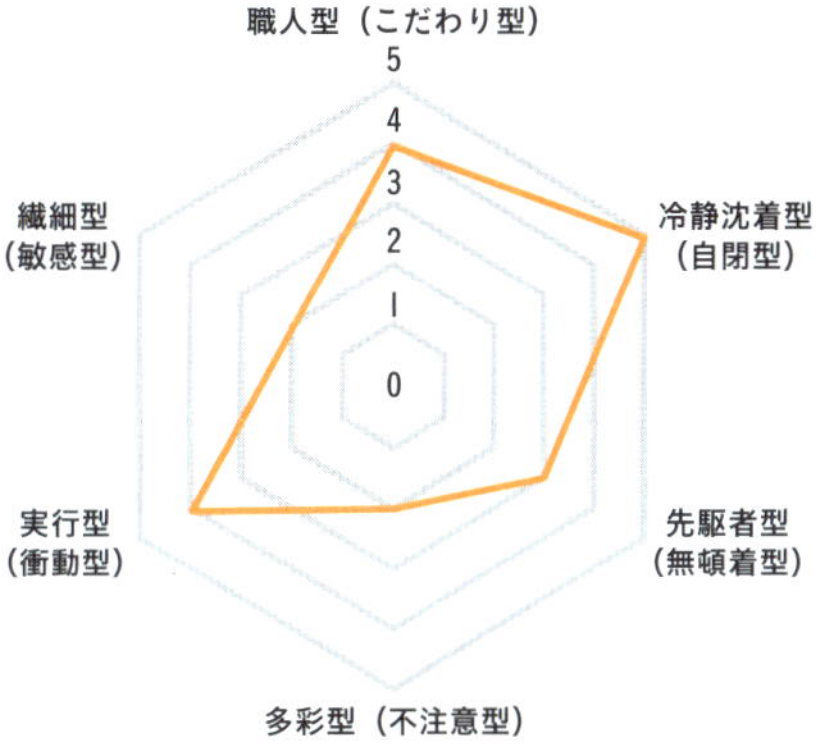

ASD傾向冷静沈着型

鋼のような強硬さを武器に、完璧や理想を追い求める。大衆の声や流行に戸惑わず、自分の信じた道を突き進むことができる点が強み。また、変化より伝統を重んずる傾向もある。ときに孤立して、引きこもりがちなところもあるが、親しい友や理解者に支えられて才能を発揮する。

て、政治集会などにも積極的に参加するようになり、また、演説の才能を見いだされてからは政治の道を歩み始め、やがて、首相の座にまで上りつめるのです。

問題はひとつずつ解決

ひとつのことに集中して取り組むのが得意な一方で、**ふたつのことを同時に進めるのは苦手**な自閉型。不注意型の人が、注意が散ることで並行作業が苦手な場合とは異なり、**自閉型の人は完璧主義の傾向があり、一生懸命に取り組むことはできても手を抜けない**からです。「適当に手を抜いて、両方やればいいのに……」と周囲は考えがちですが、自閉型には難題です。仮に、ふたつ同時に取り組もうとしても、手を抜けずキャパオーバーから体調不良となり、そこから「同時に取り組むのを回避すること」を無意識に学ぶのです。

時として、人生を左右するような大きな問題に取り組まなければならないような場面に遭遇することもありますが、その時は、泣く泣くどちらかを諦めなくてはなりません。たとえば「結婚」と「映画の主役に大抜擢」のふたつに遭遇し、両立は無理と考え、婚約者と別れて映画「ローマの休日」の撮影に向かったオードリー・ヘップバーンは、その典型例かもしれません（68ページ）。いずれにせよ、本人にはどうしようもないことで、**周囲の人は「本人の決断を尊重し、ひとつずつ問題を解決していく」のを見守る**しかありません。

しゃべるのは苦手だけど観察力は超一流

映画「わが母の記」で第36回日本アカデミー賞最優秀主演女優賞に輝いた俳優の**樹《き》木《き》希《りん》林**は観察力の優れた人でした。

彼女が学校に行きたくない日には父親が「行かなくていい」と優しく言い、母親は自身の経営する居酒屋のある繁華街で自由に遊ばせました。

子どもの頃の樹木希林は、近所の人ですら声を聞いたことがないというほどしゃべらず、勉強も運動も苦手で、友だちもできない状態。彼女は当時の自分を振り返り「どちらかというと引きこもりみたいな子、だいたい一人で遊んでた。自閉症だったの」と言います。そのかわりに、騒がしい酒場などでひたすら人を観察して過ごします。

当時の酒場といえば、なかには悪いことをする人や、そうせざるを得ない複雑な事情を抱えた人、それでも支えなければならない家族がいるという人もいて、彼女は「いろんな人がいるなあ」と知ったのです。

若いうちに得た広い視野は、枠にとらわれない自由な生き方や個性的な演技として女優としての資質を育みます。彼女は「勉強や運動が苦手でも恥ずかしくない」と思っていました。

彼女は、こうも振り返ります。

「両親は決して『それは違うでしょ』とか言わなかった」「もし『これじゃだめ』『そうじゃないの』と言われてたら、とっくの昔に私は卑屈になってたと思う」

10歳までオネショが続いた時もありました。しかし彼女は「オネショだって恥ずかしいとは思ってなかった。こういう価値観をもてたのはありがたかった。財産とさえいってもいい。これはもう親の教育に尽きますね。親が偉かった」と言います。

また、彼女が、子どもらしく、変なことをしたり、おかしなことを言ったりしても、ご両親は笑って言いました。

「お前はたいしたもんだよ！」

劣等感を感じさせない気遣いが天賦の才を伸ばす

不安緊張による用心深さから、完璧主義になりがちな自閉型の子どもにとって「劣等感」は本人を萎縮させ、意欲を遠ざけ、卑屈にさせ、才能の芽を摘む一番の阻害因《そがいいん》子《し》となりがちです。よって、こうした**劣等感を感じさせないような、「いかなる場面でも本人を否定しない」周囲の対応**こそが、天賦の才を引き出す理想的な接し方となるのです。

劣等感にさいなまれることなく成長した樹木希林は、18歳で薬学部を志しますが、ほどなく断念。しかし、俳優養成所に入ると、人間観察と独自の分析から得た独特の感性を発揮し、ドラマや映画で人々の記憶に残る演技を披露していったのです。

全体主義の怖さが政策の原点

元々それほど強くない特性も、環境によって際立つことがあります。サッチャーの「無頓着型」の忖度しない特性は、そうしたケースかもしれません。

14歳の時、ヒットラーのドイツが戦争とともに、ユダヤ人への弾圧を始めます。当時、彼女の姉は、弾圧がひどい国に住むユダヤ人の少女と文通をしていました。少女の父は、サッチャーの父に「娘の国外脱出を助けてください。そして、この弾圧が終わるまで預かってもらえないでしょうか」と手紙を送ります。

サッチャーの父はすぐに返事を書きました。

「できるだけのことはします」

こうして少女は英国の彼女の家に身を寄せます。少女から聞く弾圧の話に彼女はショックを受けました。そして「社会洗脳への強い嫌悪感」を覚えます。

世間の流行に惑わされず、少数の立場も考慮する「無頓着型」の多様な価値観による彼女の政策の原点は、こうした社会洗脳の怖さの経験にほかなりません。

マーガレット・サッチャー（1925-2013年）

英国初の女性首相。24歳で国会議員選挙に立候補するが落選し、その後、一旦は政治活動から離れる。結婚、出産を経て33歳で再び政界を目指し、初当選以降に強いリーダーシップを発揮。保守的で強硬な政治姿勢から「鉄の女」と呼ばれたが、じつは友情をとても大切にする人物だったことも知られている。

第6章

実行力がすごい「衝動型」の才能

ここがすごい!

衝動型

優等生とは無縁であろうと自分の考えで行動する才は秀逸

子どもはイタズラが好きなものですが、大人になるにつれてイタズラ心は消えていきます。しかし、大人になっても童心をもち続けているのが「衝動型」です。

もちろん悪いことではありません。なぜなら、そうした大人は、好奇心旺盛で、決断力と行動力があるからです。しかも、それが「指示待ち」ではなく、みずから考えて行動し、決断します。そもそもイタズラは子どもの自立心の賜物《たまもの》、少し大げさにいえば、いわゆる「優等生」ではない子どもが自分の存在意義を確かめる手立てのひとつともいえます。

時として、無謀とも思われかねない挑戦をする大人の代表は、Apple社を創業したスティーブ・ジョブズや作家のサン・テグジュペリ、画家のピカソといった面々。たしかに凡人とはかけ離れた存在ですね。もちろん、危険な遊びはやめさせるとして、衝動型の子どものイタズラは才能の芽として寛大な気持ちで見守ってあげるといいでしょう。

大人になっても
童心を持ち
つづけている人
ウズ
イタズラしたいなー
童心
ウズ
衝動型です
いわゆる
指示待ち人間
ではなく
よし、あれやろう
決断力と行動力
の固まりです
偉大なセンパイも
ごらんのとおり
ジョブズ
ピカソ
テグジュペリ
オレたちみんな
イタズラっ子
というわけで
イタズラは大目に
見てあげましょう
いつか大空に
はばたくかも…

失敗を恐れず成功者に

スティーブ・ジョブズ

叱られてもイタズラをやめない

IT企業のApple社を創業し、iphoneなどの人気商品を世に送り出した**スティーブ・ジョブズは「イタズラ好き」という衝動型の才能をもった偉人**の一人です。

「学校にペットを連れてこよう！」というポスターを学校中に貼ったり、友だちの自転車の鍵の暗証番号を変えて困らせ

たり、ヘビを教室に放って脅かしたこともあったようです。しかし、教師に叱られても、年上の子にいじめられても、イタズラをやめませんでした。彼はこだわり型の強情さも兼ね備えていたのです。イタズラから始まった彼のチャレンジは、一流の企業人として成長させる貴重なきっかけだったといえそうです。

そんなジョブズが12歳になったある日、大手パソコン会社であるHP社の社長に「部品がほしい」と電話をかけます。すると社長は、突然だったにもかかわらず、怒るどころか20分ものあいだ話を聞いてくれたうえに、夏休みにはアルバイトまでさせてくれました。ドーナツとお茶が

スティーブ・ジョブズ

クリエイティブ起業家タイプ（衝動型）

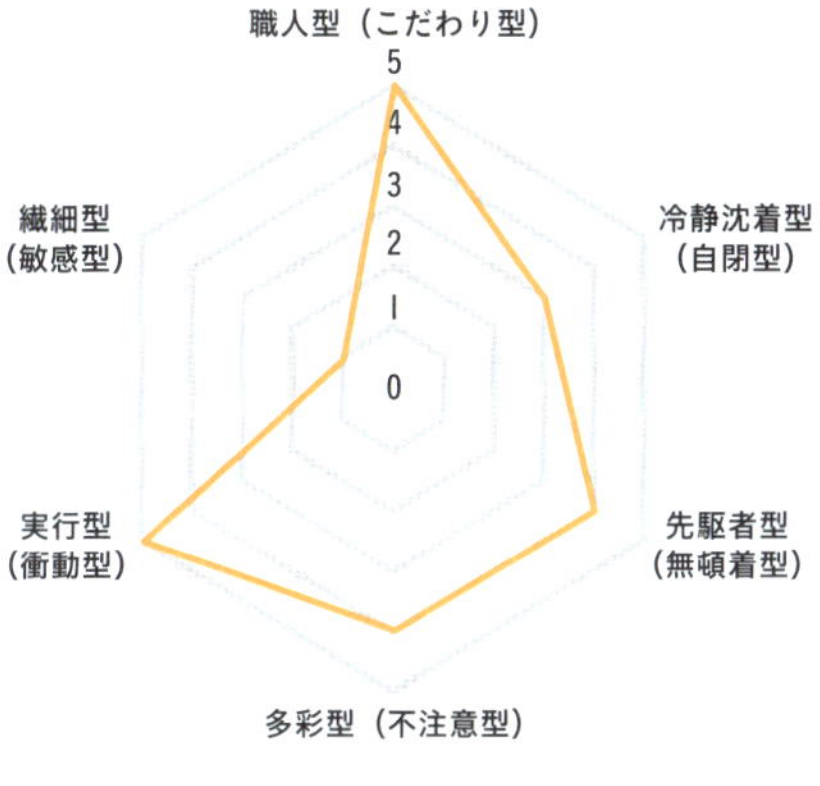

衝動型ADHD傾向
こだわり型

強い好奇心を生かし、おじけづかず反射的に行動できるタイプ。失敗を恐れずに思い立ったらすぐ行動することにより、さまざまな経験を蓄積し、他人が真似のできない製品や知的財産を社会に提供する先駆者的な一面も大きい。一方で、イタズラなど、おちゃめな面も魅力的。

出される休憩もあったとか。

のちにジョブズは「この会社が、いちばん大切な価値は従業員だと考えているということがはっきり感じられた」と語っています。

好奇心を止めるな

子どもを観察していると、二通りの個性的なタイプがいることに気づきます。

第一のタイプは、親や先生などの権威に従順で、何でも言うことを聞き、指示通りにする優等生タイプ。純粋で真面目で失敗を恐れるなど、自閉型の特性をもちます。

第二のタイプは、イタズラ心があったり、ルールを守らなくても気にしなかったりで、失敗や問題行動を繰り返すイタズラっ子タイプ。ルールよりも旺盛な好奇心を優先し、挑戦を繰り返します。より正確に説明すれば、ルールを守らないわけではなく、自分のルールを周囲のルールよりも優先するということで、**自分で考えた意見と意思をもち、それを譲らずマイルールを押し通す**のです。

ただし、先生に褒《ほ》められるのは、当然、前者の優等生タイプで、褒められればさらに言うことを聞くようになり、自信もつけます。一方、後者は、叱られることが増えると自信をなくし、劣等感から反発をさらに増やすことにつながりかねません。

小中学生の頃は優等生タイプが大人からもてはやされます。しかし、高校生、大学生となり、友だち関係が複雑になる時期に、あるいは社会に出ると評価は逆転します。

社会では想定外のできごとが多いだけでなく、小学生の時のように誰かが答えを教えてくれるわけではありません。自分で考えて行動しなければならないことが増えてきます。そうなると、言われるまま考えずに行動することが多かった優等生タイプは、指示されて動くのは得意でも、指示されないと何もできず、指示を待つだけになっていき周囲からは評価されません。

一方、衝動型の才能をもつイタズラっ子タイプは、自分で考えて行動します。叱られてもイタズラをやめず、強情さというこだわり型の才能も兼ね備えると、さらに実力を発揮します。つまり、**信念にしたがって、他人に邪魔されず、好奇心に身を委ね、本人の得意分野を伸ばすことができる**のです。

このタイプはまた「フットワークが軽い」という特性をもちます。「良く言えば実行力がある。悪く言えば無計画で抑えが利かない」ともなりますが、失敗にもくじけることなく、何度でも挑戦し続けた末に、その才能を人生の後半で開花させることが多いのです。困難な状況に直面する社会の荒波を乗り越えて進んでいき、頼られる存在にもなります。「本当に使える人間」とは、自分で考えて行動できる人たちでしょう。

衝動型の子どもの才能を伸ばすために必要なのは好奇心に対する寛容さで、強情なイタズラを大目にみる周囲の理解です。ジョブズは、こうした衝動型の子どもの生きづらさを、みずからの学生時代を振り返りこう語ります。

「それまでと比べものにならないほど多くの権威に直面した。危うくつぶされるところだったよ。好奇心の芽を全部摘まれてたね」

無謀なチャレンジも問題なし

衝動型は主体的に行動できる環境で育つと、試行錯誤を重ね、失敗にくじけず、チャンスをものにしていきます。ジョブズは「偉人たちは何をしたのだろう?」とみずからと同様の個性をもった彼らの伝記を読みあさり、行動や思考を知ろうとし、偉人たちのポスターを部屋に貼っていました。お気に入りの歌手を取材した記者の話を聞きに行ったこともあるそうです。しかし、旺盛な好奇心と直感をもとに、さまざまな判断を下してきた彼にも、とても怖かったひとつの決断があります。

「両親が一生かけて蓄えたお金を使い果たそうとしていた。それで私は大学を退学し、あとは何とかなると信じることに決めたんだ。それはその時の私にはとても怖い決断だったけど、私の人生でも最良の決断のひとつだった」

大学は退学しますが、その後の1年間は授業に出続けます。友だちの宿舎に寝泊まりしお金をためて、19歳の時、一人でインドを放浪。見たり聞いたり経験した多くのことを人生の糧としました。

決断力と行動力が衝動型の良さです。レールを外れることは誰でも怖いものですが、勇気をもった果敢な挑戦で、将来を切り開くのが、衝動型の勝ちパターンです。

スティーブ・ジョブズ（1955-2011年）
Appleの共同創業者の一人でCEOを務めた米国の起業家・実業家・工業デザイナー。カリスマ性をもち、妥協を許さないことも特徴のひとつ。幼少期は手のかかる子どもで、小学生時代はイタズラ好きの少年で親や教師を困らせたが、成長後は、周囲の人を魅了し、部下から慕われる存在となっている。

類いまれな行動力

サン・テグジュペリ

落ち着きがなくても大丈夫

『星の王子さま』の作者であり、パイロットでもあったサン・テグジュペリの行動力は秀逸です。子どもの頃から、多少危険なことでも、思い立ったらやりたい気持ちが抑えきれません。

当時、飛行機は墜落することが多かったため、母親は彼に「飛行機に乗ってはいけませんよ」と言い聞かせて禁止します。

9歳になった彼は、都会の学校が長い休みになるたびに、貴族だった祖父のお城の近くの野原にできた、柵もない飛行場に毎日出かけていました。そして、12歳のある日、飛行場で訓練していたパイロットに頼みます。

「飛行機に乗せてくれないかな？　お母さんがいいって言ったの」

ささやかな嘘をついて初めて乗った飛行機で、彼は底知れぬ爽快感を覚えます。そして、自由に空を飛び回る自分を想像して「将来はパイロットになりたい」と思ったのです。

強い気持ちと実行力で、その後、実際にパイロットとなり、世界を巡った彼は、

サン・テグジュペリ

空想ロマンタイプ（衝動型）

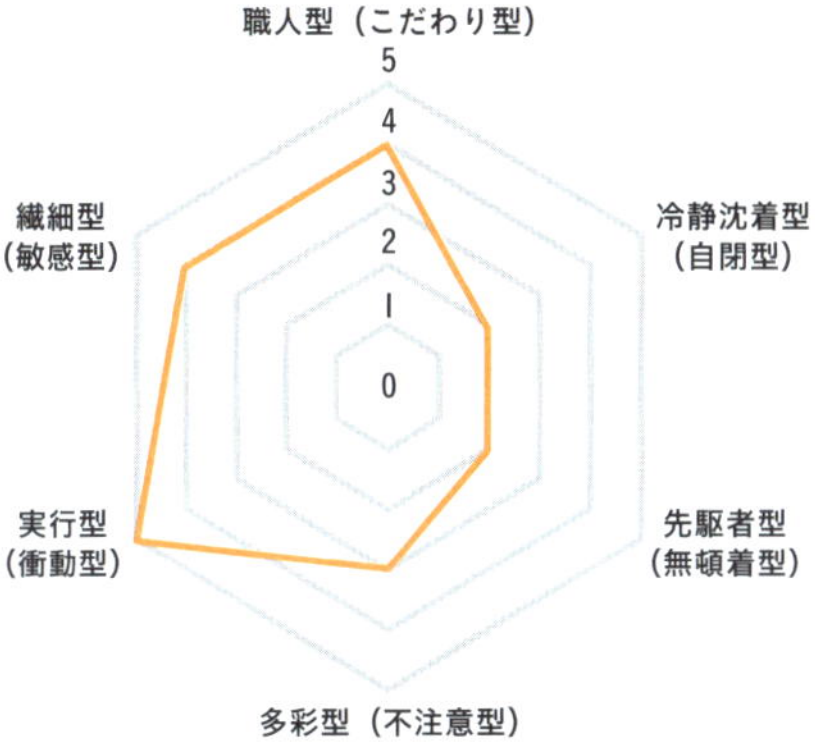

実行型ADHD傾向
臨機応変型

夢を追い求めるロマン思考をもちながら、着実に目的にたどり着こうとする実行力が強み。人間観察力にも優れ、永遠の少年のような繊細なハートももち合わせる。些細な嘘で人生を切り開く要領のいい一面とフットワークの軽さも魅力。

その経験から生まれたアイディアをもとに、さまざまな作品を世に送り出していったのです。

好奇心と実行力で大成

好奇心が旺盛で活発な衝動型が、周囲のあらゆるものに目を奪われやすい不注意型の才能を兼ね備えると、さまざまなことへの挑戦を加速させます。挑戦に留まらず、せっかちな特性もあいまって、ふだんの生活のテンポも速くなりがち。それもいいことですが、あまりにも速すぎると、その分だけミスや失敗も多くなります。たとえば、速いけれどもパソコンの入力ミスが多くてやり直したり、早口でも言い間違いが多くて、話があちこちに飛び、一方的なので、聞くほうを疲れさせながらも、結局、何を言っているのか伝わらなかったり……。

じっとしていられないのも衝動型の特性。子どもは好奇心旺盛で、落ち着きがないものですが、小学校の高学年くらいになれば、じっとすることも身に付けます。しかし、じっとしているのが苦手な子どももいて、貧乏ゆすりがとまらなかったり、せっかちだったり、危なっかしい行動をとったりすることがあります。たとえ、親が制限していたとしても衝動的にやってしまうことも少なくありません。思いつきで行動することを周囲が心配することや、集団生活や家庭で叱られることもあるでしょう。

しかし、旺盛な好奇心の芽を摘まずに伸ばすことも大切で、**子どもが興味をもったことは、とりあえずやらせてみる**のもひとつの方法。

落ち着きのなさは、中学、高校と年齢があがるとともに目立たなくなっていくものです。逆に、持ち前のチャレンジ精神を発揮した結果、多くの失敗の繰り返しから学ぶことも多く、最終的に大成する人も少なくありません。

サン・テグジュペリ（1900-1944年）
フランスの小説家・飛行士。『星の王子さま』は長きにわたって世界中で愛読されており、飛行士ならではの『夜間飛行』という作品もある。人一倍の情熱をもつ人物とされている半面、忍耐力に欠ける部分があったと伝えられている。第二次世界大戦中に写真偵察のため出撃後、消息不明になった。

困難に立ち向かう天才画家

パブロ・ピカソ

勇気ある毅然とした態度

天才画家のパブロ・ピカソは、困難に立ち向かう勇気をもった一人です。

ナチスドイツが母国スペインのゲルニカという街を無差別爆撃したことに激怒。爆撃で苦しむ人々や死んだ子どもを抱いて泣き叫ぶ女性などを建築塗料で描いた「ゲルニカ」をパリ万博に展示することで、強い非難を表します。

「ゲルニカ」は恐怖と苦しみを生む暴虐《ぼうぎゃく》を告発し、反戦を訴える象徴的な絵画として注目されました。

それを見たパリを占領するナチスの将校が、ピカソの家に来て、絵の写真を見せながら怒った様子で「これを描いたのは君か？」と尋ねました。

するとピカソは毅然《きぜん》とした態度で答えます。

「これを描いたのは私だが、これを描かせたのは、君たちだ」

ピカソは、ほかの人には真似のできない作品を生涯で1万点以上も残しています。

パブロ・ピカソ

社会派芸術家タイプ（衝動型）

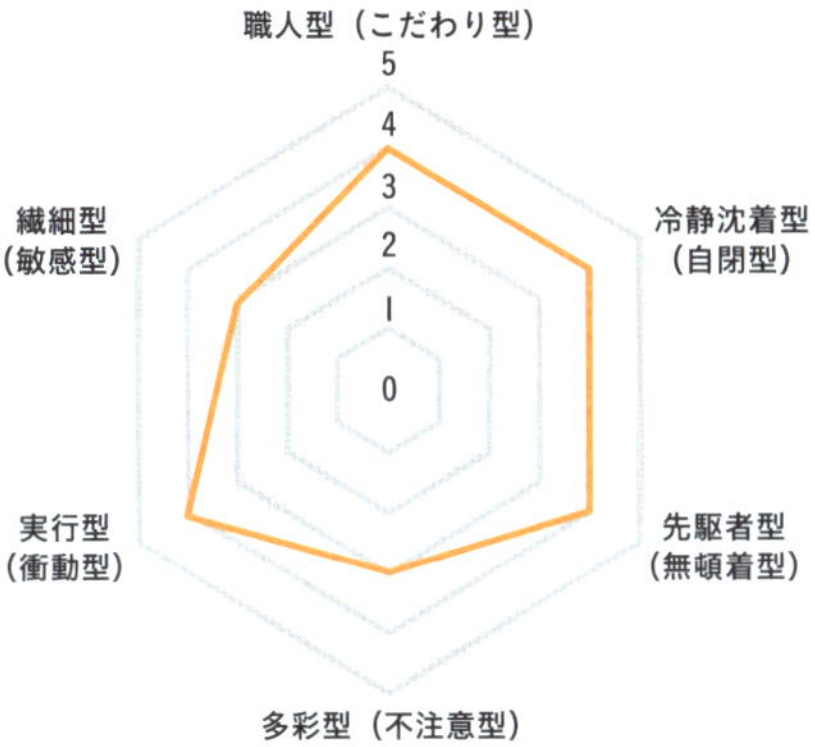

実行型ADHD傾向
七変化型

カメレオンのようにさまざまな表現方法を模索しながら自分のスタイルを確立する典型的な芸術家タイプ。一方で、物おじせず権力者に立ち向かう社会的な強さも兼ね備える。子どものような無邪気な遊び心を忘れない部分も魅力的。友人の死に心を痛める繊細な感性ももち合わせる。

逆境をバネにする力

試行錯誤や果敢な挑戦という「天賦の才」の芽を摘まれることなく、その才能を伸ばすことができれば、失敗にくじけない、さらには逆境をバネにする力をもつ人になります。他人が乗り越えられないような困難も、そういう人なら克服できるでしょう。

天賦の才があって、なおかつ、自分の得意・不得意をわかっている人は、**自分にしかできないことに気づくと、自分の存在意義を確かめるかのように、命を顧《かえり》みず、困難に果敢に立ち向かう**こともあります。支える理解者がいれば、その力は、さらに伸びるでしょう。時として盲目的な勇気であることも含めて、強い信念とやりきる力をもっているのです。

手段を選ばなかった経済人

パナソニックの創業者である**松下幸之助《まつしたこうのすけ》**は「手段を選ばない実行力」という衝動型の天賦の才をもった一人。父親の事業が失敗し、小学校を辞めざるを得なくなり、自転車店に住み込みで働いていた頃、新しくできた路面電車を見て衝撃を受けます。「これからは電気の時代だ、自転車に乗る人がいなくなってしまうに違いない」と、不安になった彼は、姉の知り合いに電気会社への就職の手配をしてもらいます。

しかし、6年間もお世話になった奉公先の自転車店に辞めたいとは言い出せません。そこで、姉に「母病気」という嘘の電報を打ってもらい、見舞いに行くという口実で、自転車店を去り、後日、真相を手紙で伝えることにしました。

彼はのちに、こう振り返ります。

「決めなければならない時には、勇気をふるって決断しなければならない」

さらに「商売とは感動を与えること」という彼は、学校に行けなかった幼少期を振り返り「学問は尊いことだが、活用しなければ、人生行路の大きな重荷となる場合もある」とも言っています。

学業から離れた道で立身出世した彼は、衝動型の才能を生かし、斬新な電化製品で人々の暮らしを劇的に、便利なものに変えていったのです。

目的達成が最優先課題

一途《いちず》で無謀、しかしながら時に純粋で素直な衝動型は、どれほどの苦境にあっても、人が思いつかないような、奇抜な発想と強靭な実行力で乗り越えていきます。仮に、大事なものを手放したとしても、目的を達成するためならば手段を選びません。

強い意志と決断力、さらに自立心という天賦の才があり、その揺るぎない信念は多くの人の心を動かし、また、強いリーダーシップは人を束ねる力ともなります。

ただし、いわば「猪突猛進《ちょとつもうしん》」で、エネルギッシュと忍耐力がある一方、多少、後先考えないところも。時には無理をしすぎたり、親しい関係の人や家族に大きな負担を負わせたりこともあります。つらい記憶を忘れにくくなっている場合もあり、周囲の人たちによる「心のケア」が大切になってきます。

14歳の決意をのちに実現

日本で女性の権利向上を掲げ、国会議員としても活躍した**市川房枝**《いちかわふさえ》は実行力と主体性をもった一人です。

「学校がイヤだ」と思ったら、次の日からは学校に行きません。ところが、お弁当を持って納屋に隠れていたところを見つかってしまいます。

14歳の時は、米国の兄を頼りに、渡航しようと両親の了解を得ますが、子ども一人の渡航では渡航申請が下りず断念。15歳から学校の代用教員をしたのち、師範学校に行きますが、礼拝がイヤでさぼっているところを見つかります。

「すみませんでした。明日からはちゃんと出席いたします」とは言うものの、そのあとには「校長のやり方に納得できない」と同級生とストライキ。授業中、あてられても無言で、試験も白紙提出という徹底ぶり。

しかし、28歳の時、念願の米国行きを実現させ、彼女のもつ実行力と主体性を証明したのです。

寛容な見守りが子どもを伸ばす

好奇心と行動力に加え「主体性」も兼ね備えたタイプはまさに「衝動的」。しかし、その才能の芽である探求心からくる「イタズラ」や、主体性からくる「危険を顧みない行動」は、親や周囲を心配させがちです。そのため、将来を案じて、せっかくの才能の芽を摘み取られることも多いでしょう。

また、その場の状況に応じて柔軟に対応するなど、フットワークが軽い半面、計画的な行動は苦手です。

不注意型が段取りは苦手で、そもそも計画が立てられずに行動できないのとは異なり、衝動型は突発的に後先考えずに行動して、あとで行き詰まるため、計画したとおりの行動が実行できません。

たとえば、友だちと遊ぶ約束をしたあとに、お金がないことに気づき、取り消すようなことも生じます。このように思いつきで行動し、しばしばドタキャンもするので、相手は怒ってしまい、人間関係が続かなくなってしまうといったことも起こりかねません。

イタズラや危ない行動は、当然、叱られるため、本人が萎縮したり、主体的な探求の楽しみから遠ざけられたりすることになりがちです。そうならないためには、衝動型の子どもの探求心や主体的な行動は、多少ルールを乱しても、失敗も含めて許容し、寛容に見守る姿勢が大切。果敢で、突発的な行動も多く、**時には無謀ととられかねない挑戦でも、否定せず、逆に後押しすべき**です。

米国の実業家で、マイクロソフトの創業者である**ビル・ゲイツ**の両親は「テレビを週末以外は見てはいけない」というルールを設けました。その代わりに熱心に本を読み聞かせ、多くの本を買い与えたのです。ちなみに、彼が没頭したのはなぜか百科事典でした。ほかにも、小学生から新聞配達で小遣い稼ぎをしたり、ボードゲームやキャンプ、イタズラに熱中したりもしました。いずれにせよ、テレビから一方的に与えられる情報を受け取るのではなく、みずから本で調べるなど、主体的に想像力をはたらかせることに没頭した彼は、その天賦の才を伸ばすことができたのです

パブロ・ピカソ（1881-1973年）
スペイン生まれの画家。「アビニヨンの娘たち」「ゲルニカ」「泣く女」などの作品を残した。多作で知られており、絵画のほか、版画、彫刻、陶器など、その数は合わせて15万点以上ともいわれている。「誰でも子どもの時は芸術家であるが、問題は大人になっても芸術家でいられるかどうかである」という言葉を残している。

エピローグ

天《てん》賦《ぷ》の才を伸ばしつつ二次障害には配慮

本書のしめくくりに、グレーゾーン特性をもつ人の「天賦の才を生かす知恵」と「特性への配慮」について、偉人たちのエピソードを交えてまとめておきましょう。

「天賦の才」を伸ばすには？

「人の役に立つ喜び」を経験する

天賦の才を伸ばすためには、主体的な挑戦の中で、人に役立つ行動により得られる充実感を味わうことが大切です。没頭しやすい人のバイタリティを、幼いうちから生産性のあること、たとえば、お手伝いやボランティア、アルバイトなどの経験に結びつけてあげるのです。

ノーベル平和賞を受賞した**マザー・テレサ**は、幼少期から母親に連れられて、困窮《こんきゅう》する人たちを訪ねて食事や看病などの奉仕活動をしています。世界初のインスタント・ラーメンを考案した**安藤百福**《あんどうももふく》は、祖父の「働かざる者、食うべからず」という教えに従い、小学校から帰ると、掃除、炊事、洗濯を手伝いながら、妹の面倒もみていました。

偉人に限らず発達特性をもち、同年代の同調圧力のストレスから引きこもりがちとなる中高生は少なくありません。しかし、新聞配達やスーパーのアルバイトなどを通して、家族以外の大人にかわいがられながら自信を取り戻して元気になっていく姿は、思春期外来でよく見かける光景です。なお、役立っていることを、お駄賃やバイト代など、視覚的にもわかりやすい対価で示されて意欲を高めるのも彼らの特徴です。

「身体を鍛える」のも大切

天賦の才をもった人たちのなかには「落ち着きがなく、じっとしているのが苦手」という傾向もありますが、裏を返せば「身体を動かすことで集中したり、才能を発揮できたりする」ということでもあります。つまり、**何もしないと落ち着かないけれども、**

何かをしていると落ち着くのです。絵画、読書、楽器の演奏など、継続できそうなものなら何でもいいのですが、よくあるのが運動やダンスなどの身体を使う鍛錬です。

高い能力を求められるビジネス・パーソンや個性で勝負するアーティストたちのなかにジム通いを日課としている人も少なくないのは「体力勝負」と心得ていることに加え、運動自体が特性をもった彼らの気持ちを落ち着かせる行動であるからでしょう。

「モナ＝リザ」「最後の晩餐」などの作品で知られる**レオナルド・ダ・ヴィンチ**は、芸術だけではなく、飛行機や建築、天文学など幅広い分野での業績を残しました。なかでも、医学の研究では、ヒトの身体の仕組みを知ることに加え、集中力を高めるためか、自分自身の身体を鍛えたそうです。

枠にはまらない「価値観」

グレーゾーン特性をもつ人たちにとって、とくに**大事なのは「他人と同じようにしようとしない」こと**です。そもそも変な個性をもった彼らが、他人と同じにできるわけはないのです。しかし、そうした彼らのなかで、大成する人の共通点として、「多面的な価値観をもつ」という面が見受けられます。その素因として「戦争や革命など政治思想の大変革の経験」「家の没落」「多彩な人生の疑似体験」の三つがあげられます。

たとえば、戦争の前後で価値観が180度変わってしまうのは珍しいことではありません。それまでの常識が通用しなくなれば、多くの人は戸惑うでしょう。とくに思春期のような多感な時期に、その変革に身を置いていた人にすれば、社会に対して不信感を抱き、たとえば「忖度《そんたく》から遠ざかろう」とするでしょう。そうなれば**「自分だけの価値観」をもとうとするのはもっともな話**です。

作家の**魯迅《ろじん》**は「家の没落」での苦労をきっかけに、その才が育まれました。中央官庁の役人だった祖父が不正で逮捕され、父親が病死し、財産も田畑も失い、どん底の暮らしとなった魯迅は、15歳で周囲の態度が手のひらを返すように冷たくなったことを経験します。その後、水夫の学校、鉱山技師の学校などに通い、日本の医学校にも留学することで多面的な価値観を身につけ、中国の近代化を支えた人となったのです。

同様に**シャネル**は母の死で孤児院に、**チャップリン**は母の入院で浮浪児を経験し、**オードリー・ヘップバーン**は戦争で餓死しそうになります。

戦争や革命、家の没落などは簡単に経験できるものではありませんが、こうした人生の疑似体験としては読書や旅行も有効です。**偉人のほとんどは熱心な読書家で、ま**

た、多くは旅行好きです。「くだらない小説であっても人生経験が描かれているという意味では名作なのだ」とは、読書を人生の糧としたシャネルの言葉です。いずれにせよ、異なる文化や価値観、考え方に触れて「多面的な価値観をもつ」ことで、**他人と違う「変な自分」を容認する寛容さを備えることができます**。こうした自分の伸びしろである個性への寛容さは、個性的な自分への自信となり、才能を飛躍的に伸ばす後押しとなるのです。昔の人はよく言ったものです。「かわいい子には旅をさせよ」と。

伸ばす過保護と、芽を摘む過保護

子育てで「束縛せず、自由に伸び伸びと育てる」親御さんもいれば、「ほしがるものを何でも与えて贅沢させる」親御さんもいるでしょう。それぞれの家庭の考え方ですから、それはそれでけっこうですが、「苦手なことが多い子ども」に対しては「伸ばす過保護」と「芽を摘む過保護」があります。

ほかの子どもが難なくできるのに、**どうしてもできないことを助けてあげるのはそうした子どもの良さを伸ばす「伸ばす過保護」**といえるでしょう。

しかし「本人ができることまでやってしまう」のはよくありません。たとえ子どもが苦手だからといって盲目的に支援する必要はありません。本人が、やってもらう快適さに浸《ひた》るようになれば「芽を摘む過保護」です。とくに常同性のあるこだわり型は「芽を摘む過保護」によって、ひときわ現状に甘んじやすい傾向があり、最悪の場合には長期間の引きこもりになるなど、成長のチャレンジを失いがちで注意が必要です。親として大切なのは「見守る勇気」ということです。

米国の実業家で「鉄鋼王」と呼ばれた**アンドリュー・カーネギー**は、子どもに対する過保護に警鐘を鳴らした人物です。30代で莫大な富を得た彼は、それ以上に財産を増やそうとはせず、慈善事業に使います。米国だけでなく、英国や他《た》の英語圏の国に公共図書館を設置し、ニューヨークにホールを建設するといった具合です。「働く人たちに高給を支払うのはよい投資であって、高率の配当を生むものだと確信している」と言う一方で、「子どもにお金を残しても、ろくなことにはならない」とも言っています。

昔の人は、「苦労は買ってでもしろ」という言葉を残しています。

「二次障害」を起こさないために

二次障害を生む個性の誤解

グレーゾーンの特性をもつ人の「困っている個性」に、周囲が気づかないために誤解されやすく、それがストレスとなって二次障害を起こすことがあります。意思疎通が多少一方的ではあるものの話ができる人、あるいは、学業成績がそこそこという人ならなおさら気づかれにくいでしょう。

興味の偏《かたよ》り、予定変更の戸惑い、忘れ物の多さなど、本人が「努力してもどうしようもなく、改善が難しい」と思っても、**周囲は「頑張れば何とかなるはず」ととらえがち**です。周囲は、叱ったり、期待したり、心配したりとなりますが、当の本人は「プレッシャーをかけられ、追いつめられている」と感じ、その結果、やる気をなくし、気持ちが沈み、眠れなくなるといったこともあります。ときには、パニックになったり、朝起きられず自立神経の乱れとして思春期に多い病気である「起立性調節障害」といわれたり、不登校になったり、あるいは自暴自棄になり、粗暴な行為や道を外した行動をとることにもなりかねません。

能力の高い人は、たいていのことをこなしますし、そうでない人は苦手なことばかり……となります。ところが、グレーゾーンの特性をもつ人たちは、得意なことと苦手なこととの差が大きく、凸凹《でこぼこ》になっているのです。

そのため、できることが周囲に驚かれる一方で、できないことにも驚かれてしまうのです。それでも周囲ができることに注目して、同様に何でも「きっとできるはず」と期待しても、本人はつらいばかりで、やがて周囲は失望したり諦めたり……。その結果、本人は自信を失うことになり、自己肯定感の低さにつながってしまうのです。

しかし、**周囲に理解してくれる人がいれば、グレーゾーンの特性をもつ人の良さが輝きます**。たとえば、父の無理解を諫《いさ》めてくれた理解ある恩師により才能を開花させ、ノーベル賞を受賞した**湯川秀樹**のように。

疲れやすいのは繊細さゆえ

子どもは視覚や聴覚が優れています。遠くまで見渡すことができ、１歳頃から言葉を瞬《またた》く間に憶える耳をもっています。視聴覚だけでなく**五感の感覚が生まれつき鋭く、**

大人になっても「繊細《せんさい》な感覚」をもつ天賦の才がある人もいます。

いい耳のもち主は、語学に堪能《たんのう》だったり、楽器の音を聴き分けたりできるため、歌や楽器がうまいこともあります。視覚についても同様で、見たものを憶えるのに長けていることも多く、対象物の細部を見分けられることから、絵の才能を発揮することも少なくありません。能力が高い一部の人のなかには、写真のように見た情景を切り取って多くの情報を記憶することができる人もいます。

音楽や絵画をはじめ、芸術・芸能の分野で才能の片鱗《へんりん》をのぞかせることも多く、五感が繊細な人は、質の高い感覚情報を扱える天賦の才があるといえるのです。

しかし、こうした才能をもつと、繊細な感覚である半面、情報過多となり疲れがち。たとえば「聴覚過敏」で、繁華街の雑踏や電車内での他人の会話など、多くの人が気にしないものも耐えられない疲労となります。なかには、ちょっと出かけただけで帰宅すると布団に倒れこむほどに疲弊して、何日も動けなくなるような人もいます。職場の電話の音などにも疲れやすく、仕事が捗《はかど》らずに罪悪感に苦しむ場合もあります。体調不良や心配ごとが重なればなおさらです。

対応としては、聴覚過敏用の防御具が有効で、専門の耳栓やイヤーカフ、さらには、ノイズキャンセリング機能のついたヘッドフォンやイヤフォンなどを利用するといいでしょう。もちろん100円ショップの耳栓でも効果的です。それらを、外出時や室内のみならず、就寝時にも使うことで熟睡感を高め、疲労回復から、日中の活動性をあげることにもつながります。サングラスやアイマスクも同様に効果的です。

集団になじめなければ居心地のいい場所へ

押しつけられるのが苦手な半面、**「自分で学ぶ」ことができるのもグレーゾーンの特性をもつ人の天賦の才**でしょう。しかし、落ち着きもないことに加え、個性が際立つぶんだけ同調圧力がストレスとなりがちで、学校や組織などでの集団行動は性に合いません。無理をすれば、体調をくずすことにもなりかねません。

そうした時には、学校を休ませるような**「休息」が得策**です。それでもまた本人の特性と環境がミスマッチであれば、たとえば転校や家庭教師をつけるといった居心地のいい環境に変える「環境調整」も有効となります。

ミステリー作家の**アガサ・クリスティ**も学校教育になじめなかった一人。彼女の母親は「無理に通わなくていい」という教育方針をとりました。そして家にいるあいだ、クリスティは亡き父の蔵書を読みあさり、その後、多くの推理小説を執筆しました。のちに母親の教育方針を振り返って、感謝していると言っています。

ほかにも、大学を中退して放浪の旅に出たスティーブ・ジョブズや、医学校を中退したダーウィン、小学校を辞めて働き始めたチャップリンやエジソンなど、型にはまった学校教育から離れて、天賦の才を生かした偉人は少なくありません。

キャパオーバーには要注意

苦手なことを克服しようとして、**つい頑張ってしまうのも天賦の才をもつ人の特徴のひとつ**でしょう。そのため、無理をしたあげくに体調をくずすことも少なくありません。繊細で疲れやすいのに、手を抜けないという特性もあり、結果的にキャパシティをオーバーしてしまうのです。

いわゆる「キャパオーバー」は、心と身体の電池切れです。動悸《どうき》が激しくなったり息苦しくなったり、あるいは手足のしびれやめまいが起きることも。これは、体からのSOSのサインで、ひどくなると不眠や食欲低下も起きるので要注意です。

必要なのは「充電」で「頑張れば何とかなる」という考えを捨てて、学校や仕事を休むのが得策です。悩んだり考えたりするのもエネルギーを消耗するので「すべて先送り」に。気をつけないとうつ病を発症することもあります。

キャパオーバーで体調をくずしたのち、休息によって復活した偉人は数知れず。たとえば、**オードリー・ヘップバーン**は、映画「ローマの休日」で有名になると、立て続けに仕事が舞い込みます。過酷なスケジュールと真面目な性格で手が抜けず、食欲低下、不眠、イライラ、さらに体重も激減するなど体調をくずします。仕方なく、仕事をすべてキャンセルし、スイスの山奥で1か月間休んで回復した彼女は、復帰にあたって、ひとつの決めごとをします。「1年に2本以上の映画には出ない」。このように回復後は行動をセーブするのも、同じことを繰り返さないために大切なポイントです。

「大器晩成型」が多い？

不思議なことに「天賦の才」をもった人の多くは、いわゆる大器晩成型です。他人に頓着せず、**休み休みのマイペース**で生きるためかもしれません。

たとえば、言葉を憶えるのが遅かったり、オネショが長引いたり、学校の成績が振るわなかったりしても、気にしないこと。自分のペースを乱されてしまうと本来の力を発揮できなくなってしまいます。**アインシュタイン**は言葉を憶えるのが遅く、5歳頃までほとんど言葉を発しなかったり、**チャーチル**の小学校時代の成績はどの科目もほとんど最下位だったり、**ケネディ**や**湯川秀樹**は優秀な兄たちと比べられて親の評価が低かったりしたのは有名な話です。

周囲の対応としては**「否定しない。失敗や苦手なことも肯定的に受け止める」**でしょう。他人と競わせたり、急《せ》かしたりしてはいけません。アドバイスをして、最初から答えを教えるのではなく、**本人ができるまで待つことが望ましい**でしょう。本人が劣等感を覚えたり、卑屈になったりするのを避けるためでもあります。人生の後半で天賦の才を生かして、ほかの人をごぼう抜きするのを気長に待つのです。

なお余談ですが、特性は個性なので相性があります。たとえば折り合いが苦手なこだわり型どうしはぶつかりがちで、親子間でも子どものイヤイヤ期や思春期と、親の更年期が重なると、衝突は激しさを増します。一方、柔軟性がある不注意型とは相性がよく、不注意型の人でも、優柔不断さを埋めてくれる決断力のあるこだわり型との生活は楽です。このような個性の相性への理解も、彼らの助けになります。

おわりに

グレーゾーンの特別な才能をもつ人の「良さ」を引き出すには、偉人たちと同様に、好きなことに邪魔されず没頭できる環境と、非常識を受け入れられる幅広い経験、焦って競わなくてよい安心感が大切です。

他人と同じようにできないと「自分はダメなのかも」と勝手に思って、ときには落ちこむことがあるかもしれません。

しかし、気にしなくても大丈夫。この本に出てくる偉人たちのように、多少非常識でも、何でもあり。**一流となり得る変な才能をもつ人の良さは他人とは違うのですから、他人と同じにしなくても、ありのままの自分のやり方とペースでいい**のです。

そして、うまくいかない場面や苦手なことの裏には、必ずほかの人にはない「伸びしろ」「天賦の才」が存在します。

日々の生活を豊かにする、他人とは違う非常識な「マイルール」や自分だけの「こだわり」による工夫を大切にしてください。

●主な参考文献●

本

『ドラえもん』（1974/7/25）藤子・F・不二雄・著 / 小学館

『独身偉人伝』（2021/10/18）長山靖生・著 / 新潮社

『あの偉人たちを育てた子供時代の習慣』（2003/4/1）木原武一・著 /PHP 研究所

『藤子・F・不二雄』（2014/8/25）ちくま評伝シリーズ / 筑摩書房編集部・編集 / 筑摩書房

『チャップリン自伝；栄光と波瀾の日々』（2017/12/25）チャールズ・チャップリン・著 / 中里京子・翻訳 / 新潮社

『アルベルト・アインシュタイン』（2014/8/25）ちくま評伝シリーズ / 筑摩書房編集部・編集 / 筑摩書房

『旅人　ある物理学者の回想』（1960/1/1）湯川秀樹・著 / 角川文庫

『マリー・キュリー』（2015/10/20）ちくま評伝シリーズ / 筑摩書房編集部・編集 / 筑摩書房

『大人のための偉人伝』（1989/7/20）木原武一・著 / 新潮社

『オードリー・ヘップバーンという生き方』（2012/11/7）山口路子・著 /KADOKAWA

『オードリー・ヘップバーンの言葉』（2016/8/8）山口路子・著 / 大和書房

『病にも克った！もう一つの偉人・英雄列伝』（2010/5/21）池永達夫・著 / コスモトゥーワン

『やなせたかし』（2015/11/20）ちくま評伝シリーズ / 筑摩書房編集部・編集 / 筑摩書房

『絶望の隣は希望です』（2011/9/26）やなせたかし・著 / 小学館

『陳建民』（2015/9/18）ちくま評伝シリーズ / 筑摩書房編集部・編集 / 筑摩書房

『安楽死で死なせて下さい』（2017/8/18）橋田寿賀子・著 / 文藝春秋

『マリリン・モンローの言葉』（2017/2/11）山口路子・著 / 大和書房

『新装版　向田邦子ふたたび』（2011/7/8）文藝春秋・編 / 文藝春秋

『ココ・シャネルの言葉』（2017/10/12）山口路子・著 / 大和書房

『英国の危機を救った男チャーチル』（2018/6/11）谷光太郎・著 / 芙蓉書房出版

『続　大人のための偉人伝』（1991/6/1）木原武一・著 / 新潮社

『河合隼雄自伝；未来への記憶』（2015/5/28）河合隼雄・著 / 新潮社

『マーガレット・サッチャー』（2014/8/25）ちくま評伝シリーズ / 筑摩書房編集部・編集 / 筑摩書房

『いつも心に樹木希林』（2019/2/25）寺岡裕治・編集 / キネマ旬報社

『樹木希林 120 の遺言』（2019/1/28）樹木希林・著 / 宝島社

本

『学校に行きたくない君へ』（2018/8/3）全国不登校新聞社・編 / ポプラ社

『スティーブ・ジョブズ』（2014/8/25）ちくま評伝シリーズ / 筑摩書房編集部・編集 / 筑摩書房

『星の王子さまの作者サン＝テグジュベリ新装版』（2009/8/21）火の鳥伝記文庫 / 横山三四郎・著 / 講談社

『私の行き方考え方』（1986/9/3）松下幸之助・著 /PHP 研究所

『市川房枝』（2015/1/28）ちくま評伝シリーズ / 筑摩書房編集部・編集 / 筑摩書房

『アスペルガー症候群』（2009/9/28）岡田尊司・著 / 幻冬舎

『アガサ・クリスティー自伝上』（2004/10/1）アガサ・クリスティー・著 / 乾信一郎・翻訳 / 早川書房

『彫刻家の娘』（1991/11/12）トーベ・ヤンソン・著 / 冨原眞弓・翻訳 / 講談社

『魯迅』（2015/11/20）ちくま評伝シリーズ / 筑摩書房編集部・編集 / 筑摩書房

『ネルソン・マンデラ』（2014/9/25）ちくま評伝シリーズ / 筑摩書房編集部・編集 / 筑摩書房

『安藤百福』（2015/1/28）ちくま評伝シリーズ / 筑摩書房編集部・編集 / 筑摩書房

『人物 20 世紀』（1998/10/1）樺山紘一他・編集委員 / 講談社

『ジェーン・バーキンの言葉』（2018/3/10）山口路子・著 / 大和書房

メディア他

「映画伝道師　淀川長治」（1999/3/14）知ってるつもり・テレビ番組 / 日本テレビ

「ハリウッド・コレクション；想い出のオードリー・ヘプバーン」（1993）ジーン・フェルドマン・監督 / アメリカ映画

「ジョン・レノン」（1990/12/9）知ってるつもり・テレビ番組 / 日本テレビ

「チャーチル」（1993/11/7）知ってるつもり・テレビ番組 / 日本テレビ

「河合隼雄　吉本ばなな」（2000/1/8）教育トゥデイ・テレビ番組 /NHK

三田晃史（みた・あきふみ）

精神科専門医、児童精神科医、産婦人科医。偉人心理の研究家。
大学病院等で産婦人科医として診療。国境なき医師団としてミャンマーで活動後、厚生労働省、内閣府等にて勤務。広島県健康対策課長、国立病院機構本部医療課長等を歴任。その後、精神科救急センター医長、児童思春期センター医長等として、精神科救急医療と子どもの心の診療に従事する。また、全日本大学準硬式野球連盟理事等として、数十年にわたり思春期の子どもの自立と成長に寄り添う。大阪の心療内科・精神科医院、「十三みたクリニック」院長。著書に、『偉人を生んだざんねんな子育て』（2018年高陵社）、『人と比べなければ子どもは伸びる』（2020年マキノ出版）などがある。

“できない”を“天才”に変える
実はすごい! 発達障害グレーゾーン

著　者　三田晃史
編集人　栃丸秀俊
発行人　倉次辰男
発行所　株式会社主婦と生活社
〒104-8357 東京都中央区京橋3-5-7
Tel 03-5579-9611（編集部）
Tel 03-3563-5121（販売部）
Tel 03-3563-5125（生産部）
https://www.shufu.co.jp
製版所　株式会社公栄社
印刷所　大日本印刷株式会社
製本所　小泉製本株式会社
ISBN978-4-391-16445-9